VALERIES WIEDERSTEHEN

Stefan A. Halle

VALERIES WIEDERSTEHEN

StifterRat

Satz, Umschlaggestaltung und Verlag: BoD · Books on Demand GmbH, In
de Tarpen 42, 22848 Norderstedt
Druck: Libri Plureos GmbH, Friedensallee 273, 22763 Hamburg

ISBN: 978-3-7583-8394-6

Inhalt

Team Valerie

»Wo bleibt der Geist, der stets bejaht? Und das mit Recht. Denn nichts, was entsteht, ist wert, dass es zugrunde geht!«
Johann Wolfgang von Goethe

Wiederstehen

Alle Augen schauten auf die Regierung, der sie die meiste Kraft zutrauen, was das Wohlergehen der Dorfgemeinschaft anbetrifft:
Ihrer Erfahrung in der Landwirtschaft wird es zu verdanken sein, dass das Dorf sich einmal selbst ernähren kann. Sollte das Land von Überschwemmungen oder anderen Naturkatastrophen heimgesucht werden, wird die Regierung vorgesorgt haben, sodass die Menschen danach nicht um Almosen werden betteln müssen. Die Regierung hat neue Wasserquellen aufzufinden, Brunnen sprudeln zu lassen und für Sauberkeit zu sorgen. Jede noch so kleine Behausung soll über einen Stromanschluss verfügen. Die Regierung wird Schutzmänner anheuern. Sie sollen böse Menschen davon abhalten, die eingefahrene Ernte und ihr Hab und Gut zu plündern. Kinder sollen gefahrlos den täglichen Weg in die Schule nehmen und dort rechnen und schreiben lernen können. Die Regierung wird Mädchen stark werden lassen. Stark genug, um selbst ausreichenden Widerstand leisten zu können gegen körperliche Gewalt. Die Regierung hat dafür einzustehen, dass die Bewohner auch dann keine Nachteile davontragen, wenn diese als »Ungläubige« abgestempelt werden. Egal

ob im Dorf, in der Nachbarschaft oder, wenn es sein muss, in der nächsten Stadt: Jedem Angehörigen der Gemeinschaft hat die Regierung einen Weg zu eröffnen, einer eigenen Arbeit nachzugehen. Genau die Arbeit, die seinen schulisch erworbenen Fähigkeiten entspricht. Last but not least hat die Regierung dafür zu sorgen, dass jeder Mensch sein Eigentum oder seinen Besitz zugewiesen bekommt. So nachhaltig, dass ein anderer ihm diesen nicht wieder entziehen kann, nur weil er der vermeintlich Stärkere ist.

Kurzum, die Regierung muss und wird es schon richten. Die Daseinsvorsorge bei ihr müsse deshalb wohl in besten, weil in ihren Händen bleiben. Zumindest so lange, bis endlich Verstärkung durch die Jungen aus der Stadt zu erwarten ist.

Einerlei, »ob man nun den Handel und die Märkte oder auch die sozialen und kulturellen Einstellungen betrachtet«: Für Kofi Annan steht zu befürchten, »dass wir uns in einer Zeit befinden, in der die Menschen sich selbst zuwenden«. Er appelliert an die Jungen, »sich zu öffnen, sich mit anderen auszutauschen und voneinander zu lernen«.[1]

Die Agenda 2030 der Vereinten Nationen ist eine Verpflichtung. Sie ist gleichzeitig ein Auftrag an alle Regierungen. Wer sollte sonst diese Erwartungen erfüllen?

Nur eine Regierung könnte kraft ihres Amtes über alle notwendige Macht verfügen, einen politischen Willen in die Tat umzusetzen. Koste es an Durchsetzungskraft, was es wolle, »whatever it takes«. Nur eine Regierung sollte sich in der Lage sehen, den Bedürfnissen der Bürgerschaft Geltung zu verschaffen. In der Stadt wie auf dem Lande.

Über alle Hürden personeller und finanzieller Engpässe hinweg? Schon gar nicht eingeschränkt in ihrer Durchsetzungskraft? Oder auch nur bedrängt durch den Willen politischer Gegner? Gänzlich ungeachtet der Sorgen oder Ängste um eine Wiederwahl? Unbefangen und frei von Opportunismus, Egoismus,

Aktivismus, Radikalismus? Von Populismus oder weiß der Himmel von welchen sonstigen Unannehmlichkeiten? Ein Schelm, der Böses dabei denkt!

Unruhe, im Blick auf aktuelle politische Entwicklungen? Sorge um Wohlstand und dessen Erhalt, insbesondere über Generationen hinweg? Immer stärker angewiesen zu sein auf eigene Stärken? Der Gedanke an Notwendigkeiten einer Bürgerwehr, sollten politische Kräfte versagen? Weit gefehlt! Warum?

Anlass für die Bürgerschaft, sich Sorgen zu machen um ihre Zukunft? Würde ansonsten alles seinen Lauf der Dinge nehmen, im Sinne eines »Weiter so!«?

Der Gedanke an eine Selbsthilfe läge nicht allzu fern. Aber diese Bürgerschaft weiß um ihre Stärke, und diese Stärke heißt Valerie. Aus ihrer Mitte heraus ein Impuls, eine Idee und ein Wille, lahmenden Regierungen zur Seite zu springen. Valerie wird Gleichgesinnte um sich scharen. Mit vereinten Kräften, freiwillig, proaktiv. Gänzlich unabhängig von Institutionen auf dem Markt.

Valerie und ihr Team werden sich einzig und allein orientieren an den Zielen der Nachhaltigkeit. Ziele, wie sie die Vereinten Nationen mit Blick auf das Jahr 2030 proklamiert hatten. Damit einhergehende Vorgaben, auch an die Regierungen. Solchen Aufträgen zur Umsetzung zu verhelfen, soll und wird das Credo von Valerie und von ihrem Team sein.

Um mit den Worten von Albert Schweitzer zu schließen: »Das gute Beispiel ist nicht nur eine Möglichkeit, andere Menschen zu beeinflussen. Es ist die einzige.«[2]

Aufstehen

Frag einen Menschen, der an einen Rollstuhl gefesselt ist. Frag, was er am liebsten tun würde. Aufstehen und loslaufen, wird er antworten. Laufen, wenn möglich bis ans Ende der Welt und wieder zurück. Laufen bis zur Erschöpfung, bis der Schlaf ihm eine Pause abtrotzt. Danach wieder aufstehen und weiterlaufen. Möge der Lauf zu einem Marathon werden. Jede Stunde, jede Minute des Laufens sollte einen neuen Blick eröffnen, den Blick in eine veränderte Welt. Aus einem anderen Blickwinkel, der dem Läufer aus seinem Rollstuhl heraus verschlossen wäre. Die Welt erscheint dem Laufenden in einem immer neuen Licht. Ein fortdauerndes Abenteuer, ähnlich wie neue Klänge in den Ohren eines bisher tauben Menschen. Aufstehen und loslaufen, in welche Himmelsrichtung auch immer. Ein Wunsch, der jemals in Erfüllung gehen kann?

Seine Weisheit wird ihm sagen, dass daraus nur Wirklichkeit werden kann, wenn es ihm gelingt, aus dem Nichts heraus laufen zu lernen. Laufen, Schritt für Schritt, aus eigenem Antrieb. Aufzustehen und loszulaufen. Seine Lebensweisheit sagt ihm, dass es nun Zeit wird, selbst laufen zu lernen. Laufen, um sich aus eigener Kraft fortbewegen zu können. Ohne helfende Hand eines anderen?

Wie sollte Laufenlernen gelingen, ohne dessen Begleitung, ohne dessen Stütze, ohne Rat und ohne dessen Ansporn? Laufenlernen verlangt mindestens einen weiteren Menschen, der hinter ihm steht. Um ihn anzutreiben, immer wieder erneut. Der gleichzeitig auch vor ihm steht und vorangeht, um den Weg freizumachen, um Schritt für Schritt zu wagen und in die Tat umzusetzen.

Ein Mensch, der an ihn glaubt und der es versteht, ihm das Vertrauen in seine eigene Fähigkeit zu schenken. Vertrauen in sich. Der ihm den Mut verleiht, weitere eigene Schritte zu gehen. Schritte ohne seine Begleitung, ohne seine Anwesenheit. Solche Schritte überhaupt zu wagen, zu erproben und schließlich zu bestehen, nicht zuletzt auch vor sich selbst.

Loslegen

Auch »Schaffen« will erlernt sein. Schaffen aus eigener Kraft zu erlernen, ist mindestens ebenso mühsam, wie laufen zu lernen. Nie aufgegeben haben die Jungen den Traum, endlich einmal zu ihren eigenen Kräften zu kommen. Es mag ebenso wenig gelingen ohne Menschen, die ihn an die Hand nehmen. Menschen, die ihm helfen, diese letzte Hürde zur Kraftentfaltung zu bewältigen. Die letzte Hürde eines jeden Einzelnen für sich, um seine Selbstständigkeit zu erlangen. Diese Hürde mit aller nötigen Kraft zu nehmen. Mit der guten Aussicht, zu einem nötigen Maß an Selbst- und Eigenständigkeit zu gelangen.

Der Mensch ist niemals allein. Nicht einmal der Wasserträger auf dem Weg von einer entfernten Quelle zurück zu seiner Familie. Ebenso wenig seine Familie, eingebunden in eine dörfliche Gemeinschaft auf dem Lande zumindest, anders als in den Strukturen einer Stadt. Aus dem Kreis der eigenen Familie wird sich niemand finden lassen. Sind diese Angehörigen doch mit der Pflege ihrer Hilfsbedürftigen beschäftigt, von der Versorgung der Kinder, Haus und Hof einmal abgesehen. Wer wird nun dieser andere sein, auf dessen Hilfe ein Lernwilliger angewiesen sein wird, um schaffen zu lernen? Die Antwort auf diese Frage lautet: You never walk alone!

Vornehmen

Den Jungen geht es um die ungerechte globale Wirtschaftsordnung. Es geht ihnen um den Raubbau an den Rohstoffen. Von dem neben internationalen Konzernen nur eine schmale einheimische Elite profitiert. Es geht ihnen um die fehlende Industrialisierung, um Korruption und Misswirtschaft.

Die Jungen sollten Zugang haben zu grundlegenden Diensten, Grundeigentum. Zu natürlichen Ressourcen, zu geeigneten neuen Technologien und zu Finanzdienstleistungen.

Diese Jungen schließen sich zusammen zu einer ernst zu nehmenden Größe auf dem Markt. Zu einer Gruppe, deren Devise lautet: nur noch Rohstoffe exportieren, die sie zuvor selbst verarbeitet haben. Im Gegenzug werden die Jungen importieren, was sie für eine eigene Herstellung benötigen, nämlich Knowhow, Blaupausen und Expertisen von Partnern, jeweils gesammelt und digital weitervermittelt an die Wissensbank für die Jungen.

»Es ist die Antwort, die von Jungen und Alten gegeben wird, von Reichen und Armen, Demokraten und Republikanern, Schwarzen, Weißen, Hispanics, Asiaten, Indianern, Schwulen und Heterosexuellen, Behinderten und Nichtbehinderten. Es ist die Antwort, die von den Warteschlangen vor Schulen und Kirchen gegeben wird, in Zahlen, die diese Nation nie gesehen hat, von Leuten, die drei Stunden und vier Stunden gewartet haben, viele zum ersten Mal in ihrem Leben, weil sie glaubten, dass es dieses Mal anders sein muss, dass ihre Stimmen diesen Unterschied ausmachen können.« Barack Obama, aus seiner Antrittsrede in Chicago nach seinem Wahlsieg, 08.01.2008.[3]

01. Team Wohlstand

»**Armut in allen ihren Formen und überall beenden!**« So lautet Auftrag 1. Bürgermeister nehmen diesen Auftrag bereitwillig entgegen und geben ihn weiter an Valerie und deren TeamWohlstand zur Ausführung:

- Wir werden Jung wie Alt für ein persönliches Engagement gewinnen und sie Eigenverantwortung für Familie, Vereine, für ihre Nachbarschaft und Dorfgemeinschaft übernehmen lassen.
- Wir werden Daten nach Einkommen, Geschlecht, Migrationsstatus und geografischer Lage auswerten und dadurch sicherstellen, dass niemand zurückgelassen wird.
- Wir werden Jung wie Alt innerhalb ihrer ländlichen Gemeinden mitbestimmen und an Regionalforen mitwirken lassen und eine Weitergabe von Erfahrungen und gewonnenen Erkenntnissen ermöglichen.
- Wir werden uns dafür einsetzen, dass Junge wie Alte über die gleichen Rechte auf wirtschaftliche Ressourcen verfügen und Zugang haben zu Grundeigentum und zu sonstigen Vermögensformen, zu geeigneten neuen Technologien.

Lehrwandern

Das Leben auf dem Lande, die Nähe zur Natur, die Jugend als freies Spielen, Behütetsein, Heranwachsen unter Gleichaltrigen mit Sport, Spiel, Action und Abenteuern, das Austoben ohne räumliche Grenzen. Unberührt, geschweige denn eingeschränkt durch ein Leben im Elternhaus und von Abhängigkeiten im Zusammenleben mehrerer Generationen einer Familie. Kurzum, ein Leben mit Geben und Nehmen, je nach den Bedürfnissen der Mitmenschen in ihrer Umgebung. Früher oder später wächst das Bedürfnis, sich auf den eigenen Weg zu machen in ein Leben in größerer Freizügigkeit. Der Hunger auf ein Leben jenseits des Radarschirms einer gefühlten Überwachung, wenn nicht gar der Kontrolle durch Eltern, Großeltern oder ältere Geschwister. Es entsteht ein Urbedürfnis der unbeobachteten Freiheit, geradezu eines Naturrechts auf eigenen Trial and Error. Noch weit entfernt von der Einsicht, doch besser aus den Fehlern der Eltern oder anderer Nahestehender lernen zu wollen oder zu sollen als aus eigenen Fehlern. Die so verstandene, geradezu perfekte Legitimation des Jugendlichen zum Ausbrechen aus den als beengend empfundenen elterlichen Verhältnissen und zum Aufbruch in das Leben in einer Stadt, die niemals schläft. Solche Lehr- und Wanderjahre gehen in aller Regel einher mit der Flucht aus dem Land hin in die Stadt, gar eine Großstadt, whatever it takes. Manchem Jugendlichen gelingt solches nicht erst mit seiner Volljährigkeit. Es gelingt ihm schon zuvor, wenn und sobald seine Eltern ein solches Bedürfnis erkennen und verstehen. Solche Eltern dürften ihm deshalb grünes Licht geben für einen früheren Aufbruch in die ersehnte neue Welt.

Stadtleben

Das Land konnte einem Vergleich mit der Stadt kaum stand-halten. In der Stadt von heute ist niemand auf sich allein gestellt, wenn es darum geht, gegenüber Behörden und Verwaltung »sei-nen Mann« zu stehen. Wo fänden sich auf dem Land Netzwerke zur Einbindung eines Jungen in einen starken Verbund? Wer verfügte denn auf dem Land schon über ausreichende Kompe-tenzen, die Jungen zu beraten und deren Interessen gegenüber Behörden zu vertreten? Wie stünde es auf dem Land um die Aktivierung von Selbsthilfe und die Bereitschaft zu gegenseitiger Hilfe, wenn die nächsten Jungen mehr als eine Tagesreise ent-fernt wohnen? Welcher Junge träumt nicht von einer Welt, in der ethnische Zugehörigkeit und kulturelle Vielfalt ebenso geachtet werden wie die Rechte auf wirtschaftliche Ressourcen? Der Zu-sammenschluss der wirtschaftlich Schwächeren zur Behauptung am Markt erschien den Jungen als eine Selbstverständlichkeit. Die Jungen zogen vom Land in die Städte, um Jobs zu finden oder eine gute Ausbildung. Sie schätzten das Leben in der Stadt, weil dort niemand auf sich allein gestellt war. Sie wurden Teil einer Gesellschaft, in der sich das Zusammenleben bewährt und eine ganz andere Bedeutung gewonnen hat als auf dem Lande. Umso schwerer sollte ihnen eine Umkehr fallen, wenn solche Annehmlichkeiten des gemeinsamen Stadtlebens auf einmal wieder infrage stünden.

Landleben

In einer kleinen Stadt auf dem Land hat kürzlich ein bekannter Konditor seinen Laden dichtgemacht – der letzte, der im Ort noch echtes Handwerk betrieb. »In ländlichen Räumen haben The-men wie Ärztemangel oder die Krise des Einzelhandels noch eine ganz andere Wucht. Dort mag eine solche Stimmung besonders weit verbreitet sein, denn allzu viele Menschen wirkten krisengeplagt und schleppten Zukunftsängste mit sich umher. Es sind Probleme wie Vereinsamung und sie führen über kurz oder lang zu einer gesellschaftlichen Depression«, warnt Meike Bräuer-Ehgart.

»Wir müssen weiter hoffnungsvoll in die Gesellschaft reinsprechen. Wenn aber eine Pfarrstelle nicht mehr besetzt wird, das Pfarrhaus verkauft wird und die alte Kirche unbenutzt bleibt, verlieren viele Orte einen ihrer letzten größeren Kulturträger. Pfarrer im Ruhestand entlasten ihre jüngeren Kollegen inzwischen häufiger als früher. Die Kirchen setzen auch verstärkt auf den Einsatz von Ehrenamtlichen. Sie bringen aus anderen Berufen andere Perspektiven auf die Kanzeln als Theologen. Pfarrer stehen dabei zwar an erster Stelle, doch andere Berufsgruppen wie die Religionslehrerin, der Diakon oder die Kirchenmusikerin kämen in der Summe auf mehr Kontakte.« Das sei eine Generationenfrage, meint Anna Feg, die Jüngeren müssten nicht nur im Team arbeiten, sie wollten das auch. Multiprofessionelle Teams, die den Pfarrern mehr Zeit dafür lassen, leisteten aus ihrer Sicht dazu einen Beitrag, sagt Ulrike Brand-Seiß.[4]

Vereinen

Eine Welt, in der Chancengleichheit herrscht. Wie stellen sich die Jungen ihren Weg dorthin konkret vor? Es war die Stunde im Leben einer jungen Frau in der Stellung eines Caporal-Chefs bei der renommierten Pariser Feuerwehr:

Myriam Chudzinski gehörte zu den Ersthelfern, die am Abend des 15. April 2019 in der Kaserne zu ihrem Einsatz aufbrachen. Neun Stunden lang hatte sie gegen die Flammen gekämpft. Sie erzählte der Zeitung »Le Parisien«, sie sei stolz, an der Rettung von Notre-Dame de Paris, diesem Jahrhundertbrand, beteiligt gewesen zu sein. »Hätte jemand zu mir gesagt, du machst am Montag, dem 15., einen Einsatz in Notre-Dame de Paris, ich hätte es nicht geglaubt! Wir sind froh, unser Bestes gegeben zu haben.«⁵

Mit vereinten Kräften, so lautet die Formel. Nicht anders als Junge, die sich zusammenfinden, wenn eine Feuerglocke läutet und das Dorf sich seine Rettung erhofft durch den Einsatz einer schnellen Löschtruppe. Eine solche Gruppierung von Jungen mag man Verein nennen?

Genauer Schutzverein, weil er mit vereinten Kräften zur Tat schreitet und sich nicht lediglich wie etwa ein Klub der Ältesten daran beteiligt, bei besonderen Anlässen seine Weisheiten zum Besten zu geben. Ein Schutzverein sei in den Augen der Jungen für vieles gut.

Ob für das Eigentum an ihren Betrieben oder für ein größeres Maß an Sicherheit für ihren Lebensunterhalt, die Jungen organisieren sich als Mitglieder innerhalb ihrer ländlichen Gemeinden. Sie sehen sich gegenüber jedem einzelnen Mitglied der Gemeinde in der Verantwortung. Nicht nur für Arbeit, sondern auch für zu Hause.

02. Team Agrar

»Ernährungssicherheit und eine bessere Ernährung erreichen und eine nachhaltige Landwirtschaft fördern!« So lautet Auftrag 2. Bürgermeister nehmen diesen Auftrag bereitwillig entgegen und geben ihn weiter an Valerie und deren TeamAgrar zur Ausführung:

- Wir werden die landwirtschaftliche Produktivität und die Einkommen von Familienbetrieben, insbesondere von landwirtschaftlichen, steigern.
- Wir werden Grund und Boden zur Schaffung eines produktiven Agrarsektors sichern und dadurch Wertschöpfung einer ländlichen Infrastruktur schaffen.
- Wir werden Zugang schaffen zu landwirtschaftlichen Beratungsdiensten, zur Technologieentwicklung sowie zu den Vorteilen aus der Nutzung der genetischen Ressourcen.
- Wir werden uns für die einheimische Produktion, Verarbeitung, Vermarktung sowie die dezentrale Besiedelung einsetzen.
- Wir werden Familienbetriebe von Selbstversorgern zu kommerziellen Landwirten entwickeln.
- Wir werden Familien sich zu Selbsthilfeorganisationen zusammenschließen lassen und sie mit solchen Kooperativen von Zwischenhändlern unabhängig machen.
- Wir werden Ausbildungsprojekte in den Bereichen einer digitalisierten Buchführung fördern.

- Wir werden mit etablierten Herstellern das Training ermöglichen zu biologischem Anbau, Optimierung der Produktionsabläufe, Verarbeitung und Recycling, Identifizierung von Vermarktungsmöglichkeiten, Steigerung der Produktqualität und Wettbewerbsfähigkeit und zu einem Zugang zu internationalen Märkten.
- Wir werden uns für eine Digitalisierung in der Landwirtschaft einsetzen, um etwa Ernteerträge zu verbessern und Pflanzenschädlinge besser zu erkennen. Wir werden mit digitalen Lösungen für die landwirtschaftliche Produktion nachhaltiges Wachstum ermöglichen.

Hausmachen

Ob Sonnenblumenkerne, Zwiebeln, Gurken, Karotten, Kartoffeln, Paprika, Knoblauch, Chicorée, Lauch, Auberginen, Oliven, Zitronen, Weißkohl: Überall stehen Gärtner vor einem ähnlichen, immer wiederkehrenden Dilemma. Obst, rohes oder gedünstetes Gemüse, Hülsenfrüchte und Getreideprodukte haben eines gemeinsam: Sie sind schnell verderbliche Lebensmittel.

Was macht man mit dem Gemüse, das man nicht mehr verwerten kann? Dafür wird das Gemüse zerkleinert und im Anschluss getrocknet, sodass Feuchtigkeit entzogen wird. Das getrocknete Gemüse wird dann möglichst granular zerkleinert und mit Salz vermengt. Gemüse wird nicht geschält, sodass auch der Geschmack aus der Schale den fertigen Fonds noch aromatischer macht.

Ein eher aussichtsloses Unterfangen, solange die Gärtner jeweils auf sich allein gestellt bleiben und auf ihrem Herd für sich und für ihre Familie ihr eigenes Süppchen werden kochen müssen. Müssen diese Gärtner sich deshalb auch künftig mit Reis, Hirse, Mais und Maniok begnügen oder sollten sie sich unter solchen Gegebenheiten anderweitig zu helfen wissen?

Stadtgärtnern

»Da der Roboter rund um die Uhr pflücken kann, kommt er auf etwa die gleiche Menge«, sagt Hannah Brown, Mitgründerin und Marketing-Chefin eines Start-up-Unternehmens. Hier auf dem Lande stammten rund 80 Prozent der Erdbeeren aus dem Anbau im Freiland, wobei sich ein langsamer Trend hin zum geschützten Anbau abzeichne. So könne man Ressourcen wie Wasser und Dünger gezielter einsetzen und sei keinen Wetterextremen ausgesetzt.[6]

Was klingt wie eine geheimnisvolle Formel, lässt sich herunterbrechen auf eine Kunst, die Jungen wie Alten vertraut sein sollte. Es ist eine Verwertung schnell verderblicher Lebensmittel derart, dass diese Produkte des Gartenbaus je nach ihrer Saison auf den Speiseplan kommen, entsprechend ihrer natürlichen Wachstums- und Erntezeit.

Urban Gardening ist zu einer weltweiten Bewegung geworden, eine Bewegung junger Menschen, die als Verein organisiert ist. Das Stadtgärtnern hat sich zum Ziel gesetzt, den Bedarf an Gemüse durch gemeinschaftliches Arbeiten zu decken, aus Rücksicht auf die Umwelt und zur Vermeidung langer Lieferketten. Mit ihrer Stadtfarm soll unter den Bedingungen des Markts für den Verkauf produziert werden.

Laura Setzer spricht von einem »Reallabor«. Die erfahrene Gärtnerin leitet auf der Stadtfarm Freiwillige beim Gärtnern an. Sie lernen dazu und werden mit einem Teil der Ernte belohnt – so funktioniert es auch beim Urban-Gardening-Projekt auf dem Campus der Goethe-Universität.[7]

Altwissen

Wie sollte die Daseinsvorsorge Sache der Alten sein und wohl in deren besten Händen bleiben? Auf Wiederstehen! Zumindest so lange, bis endlich Verstärkung durch die Jungen aus der Stadt zu erwarten ist.

»Werden die Alten diesen Herausforderungen gewachsen sein, sei es auch nur vorübergehend?«, fragen die Jungen. In diesen Zeiten, wo der landwirtschaftliche Betrieb, ohnehin schon stürmischen Zeiten ausgesetzt, auf halbe Kraft heruntergefahren werden müsste. In Zeiten, in denen die Luft zum gestalterischen Anpassen oder Erneuern zunehmend dünner wird. Erst recht die Luft zu einem Betrieb nach den Maßstäben einer neuen Nachhaltigkeit.

Wollen die Alten tatsächlich noch einmal in den Ring steigen und ihre Errungenschaften verteidigen gegenüber aktivistischen Bestrebungen, Zielen des Tierwohls, der Diversität, der Luftbelastung, der Gesundheit den Vorrang einräumen vor ihren ureigenen Bestrebungen des landwirtschaftlichen Erhalts eines über Generationen aufgebauten Hofes?

Wenn die Alten dies wollten, glauben sie tatsächlich, noch die Kraft für eine robuste Verteidigung ihrer Interessen aufbieten zu können? Wohl kaum, werden die Alten einräumen, oder vielleicht gar nicht, wüssten sie nicht, dass die Jungen ihnen zur Seite springen werden, wenn denn einmal der Ruf der Alten sie ereilt.

Jungwissen

Traditionelle Heilsbringer haben allenfalls eine ungefähre Ahnung von den Bedürfnissen der Jungen. Nur eine rudimentäre Vorstellung von Zahl und Umfang, geschweige denn von der genauen Struktur und Verteilung in den jeweiligen Regionen. Nicht nur ein Tal der Ahnungslosen, sondern ein Land, eigentlich ein ganzer Kontinent von Ahnungslosen.

Gewissheit zu erlangen über die Jungen als tatsächlich Betroffene in der entlegensten Provinz, erscheint ihnen als ein Gebot von höchster Dringlichkeit.

Die Jungen, zurück zu den Alten, auf zu neuen Ufern, um ihr neues Glück zu versuchen! In die Heimat, warum nicht? Den Ort ihrer Herkunft wieder auf die Beine zu stellen. Nichts anderes wird es wohl sein, was die Jungen antreibt. Eigenständig, im wahrsten Sinne des Wortes, wollen und werden sie neue Werte schaffen.

Wenn schon nicht aus selbst gewonnenen Rohstoffen, so doch zumindest aus ihrem Wissen darüber, genauer, aus neuen Fertigkeiten einer Wertschöpfung. Rohstoffe nur noch verarbeitet exportieren oder umgekehrt Maschinen und Waren nur noch zur eigenen Endfertigung importieren.

Die Jungen zieht es zurück zu ihren Wurzeln, denn sie sehen dort ihre Chance, noch einmal bei null anzufangen. Dieser Plan mag verwegen klingen, zumindest für heutige Verhältnisse.

Um einen solchen Plan Wirklichkeit werden zu lassen, braucht es jede Menge Know-how, Blaupausen, Rat und Routine. Solches Wissen will erworben, ja erobert sein. Es wird sich in Zukunft als unstehlbar erweisen, in welch rückständigen Verhältnissen sie sich auf dem Lande auch immer wiederfinden. Die Jungen haben es verstanden und stellen ihrerseits nun Fragen nach dem »Wie?«.

Handreichen

Der Schlüssel zum Erfolg dieser Ernährung liegt nicht in der Küche einer jeden einzelnen Familie. Der einzige Ausweg ist die nachhaltige Verwertung der Ernteprodukte. Eine solche gelingt nur in einer Kombination aus einer besonders ausgewogenen Ernährungsweise: mit Lebensmitteln aus heimischen Regionen sowie aus Obst und Gemüsen in ökologischem Landbau. Der Schlüssel läge in einem Zusammenwirken »Hand in Hand« innerhalb der Gemeinschaft aller.

Ein Verein könnte sich für vielerlei Zwecke eignen – etwa für die Mobilisierung von Ressourcen: Auf der einen Seite könnte er Gemeinden ausreichende Mittel für die Umsetzung von Programmen bereitstellen. Gleichzeitig ließen sich auf allen Ebenen Institutionen aufbauen, die für die Jungen durchschaubar sind.

Allein seine Größe verliehe einem Verein eine stärkere Verhandlungsmacht, zum Beispiel beim Erwerb von Land oder bei der Vermarktung seiner Erzeugnisse. Bei einer Vereinigung dieser Größe würde es den Jungen leichter fallen, saisonal Arbeitskräfte für die Bestellung der Felder und für die Einbringung ihrer Ernte zu beschaffen.

Nur solche Zielsetzungen schaffen den Raum, in dem Vereine entstehen. Das gilt insbesondere für Vereine, die auf die Unterstützung ihrer Mitglieder ausgerichtet sind. Naturgemäß gibt es Konkurrenz auf dem Markt.

Im Regelfall kämpft jeder dafür, der Stärkere zu sein und sich auf diesem Feld besser zu behaupten. Einzelkämpfer nehmen diesen Kampf auf, bestehen, gewinnen, oder sie gehen früher oder später unter und verschwinden vom Markt. Klüger erscheint es, sich der Herausforderung des Marktes zu stellen, indem sie sich mit Gleichgesinnten zusammentun und mit vereinten Kräften ins Rennen gehen, nach dem Motto: »Einer für alle, alle für einen!«

Marktwissen

Zwei Persönlichkeiten in einem afrikanischen Land. Kein Geringerer als der Premierminister und eine junge Frau, Eleni Gabre-Madhin, eine ausgewiesene Ökonomin, die eine Rohwarenbörse gegründet und ihr Amt des CEO über mehrere Jahre erfolgreich ausgeübt hatte. Auf Wunsch des Premierministers sollte sie nun in ihre Heimat zurückkehren und sich dort einsetzen für die Modernisierung des Agrarmarktes. Mit einer Handelsplattform sollte es gelingen, ausreichend Rücksicht auf die lokalen Gegebenheiten zu nehmen, versprach der Premierminister.[8] Mit Rochwarenbörsen ließen sich Kleinbauern und deren landwirtschaftliche Betriebe als Kunden gewinnen. So gelinge eine möglichst breite Streuung der Marktinformationen für eine Vielzahl relevanter Themen:

Informationen zu biologischem Anbau und zur Optimierung der Produktionsabläufe. Zu solchen Themen gehören auch Verarbeitung und Recycling, Identifizierung von Vermarktungsmöglichkeiten, Steigerung der Produktqualität. Nicht zu vernachlässigen, gerade bei der heutigen Wirtschaftslage, sind die Wettbewerbsfähigkeit und der Zugang zu internationalen Märkten. Insbesondere das Cloud Computing wird zum Aufbau einer auch landwirtschaftlichen Wissensgesellschaft beitragen.

Vorschreiben

Wie viele andere Branchen, so steht auch die Landwirtschaft vor der Herausforderung, sich im laufenden Betrieb für die Zukunft zu rüsten. Dabei unternehmerische Freiheiten zu genießen, bleibt ein Wunsch, der kaum erfüllbar erscheint. In einem nie da gewesenen Umfang reguliert, profitiert die Landwirtschaft nicht von Subventionierungen. Im Gegenteil, sie leidet unter ihnen, weil sie allenfalls singulären Einzelinteressen gerecht werden.

Wenn und solange niemand diesem egoistischen Treiben Einhalt gebietet, dürfte sich die Hoffnung auf eine strukturelle Neuorientierung als unerfüllbar erweisen. Solange die Regierungen keine verlässlichen Rahmen vorgeben, innerhalb derer sich der Betrieb langfristig entwickeln kann, wird nicht nur alles beim Alten bleiben, sondern der Spielraum für notwendige Korrekturen schwinden.

Die Staatengemeinschaft sollte ihre Agrarpolitik besser strukturieren, denn die Landwirtschaft braucht eine bessere Planungssicherheit. Ansonsten stirbt die letzte Hoffnung der Landwirte auf mehr Freiheit für den Umbau ihrer Betriebe.

03. Team Heilung

»**Ein gesundes Leben für alle Menschen jeden Alters gewähr-leisten!**« So lautet Auftrag 3. Bürgermeister nehmen diesen Auftrag bereitwillig entgegen und geben ihn weiter an Valerie und deren TeamHeilung zur Ausführung:

- Wir werden ein gesundes Leben für alle Menschen jeden Alters gewährleisten durch Registrierung, Beratung und Versorgung vor Ort, Frühwarnung und Qualifizierung.
- Wir werden uns für eine Aus- und Weiterbildung einsetzen, zur Bindung von Gesundheitsfachkräften, für eine Verbesserung der fachlichen Eignung des Personals und für eine ausreichende Aufsicht.
- Wir werden eine allgemeine Gesundheitsversorgung und den Zugang zu hochwertigen Gesundheitsdienstleistungen und zu sicheren und bezahlbaren Arzneimitteln und Impfstoffen für alle verwirklichen.
- Wir werden selbst in entlegenen Orten ohne Mobilfunkanbindung für Datentransparenz sorgen.

Weiterleben

Krebs im Endstadium. Nur noch wenige Tage zu leben. Ärzte und Pfleger stehen vor den Krankenbetten von Chambers und Cole, überbringen ihnen ihre Diagnosen und schätzen die Lebenserwartung für jeden von ihnen auf wenige Wochen. Chambers, ein Automechaniker, und Cole, ein Millionär: Beide teilen das gleiche Schicksal, und es sollte nicht das Einzige sein, was sie miteinander verbindet. Beiden sagt eine innere Stimme, es sei noch nicht die Zeit gekommen, von der Bühne abzutreten.

Sie beschließen, sich eine Extrazeit von einem weiteren Lebensjahr zu gönnen und in dieser Zeit eine Bucket List mit Wünschen zu erstellen. Diese wollen sie gemeinsam in Erfüllung gehen lassen, ganz im Sinne des Filmklassikers »Das Beste kommt zum Schluss!«.

Dass ihre Wünsche tatsächlich in Erfüllung gegangen sind, ist bekannt. Es gelang Chambers und Cole, ihre gemeinsamen Lebenszeiten jeweils um eine Nachspielzeit von zwölf Monaten zu verlängern. Wie sie dies aber bewerkstelligen konnten, das hat der Filmklassiker nie verraten.

Krebspatienten im fortgeschrittenen Stadium müssen jederzeit damit rechnen, einen Besuch ihrer Angehörigen ein allerletztes Mal erlebt zu haben. Schließlich sollte ihnen eine Lebensdauer bis zu einem nochmaligen Wiedersehen mit ebendiesen Angehörigen nicht vergönnt sein. Das Warten auf die Begegnung mit einem Angehörigen, den man vielleicht über Jahre vermissen musste: Dieses Warten kann sich wie ein Wettlauf mit seinem eigenen Lebensende anfühlen. Eine zusätzliche Qual für diesen ohnehin leidgeplagten Menschen. Ein unlösbares Problem?

Nein, sagen die Ärzte. Für ihn wie für nahezu jeden Menschen können Ärzte heute sehr wohl eine Lösung anbieten. Es ist die Therapie mit einem Medikament, das die verbleibenden Lebenserwartungen dieser Patienten um einen Zeitraum von bis zu einem Jahr verlängert. Keine Garantie dafür, aber doch in Versuchen erprobte Erfolgsaussichten.

Die Sache hat allerdings einen Haken. Das Medikament, das in einer solchen Therapie zur Anwendung kommt, hat seinen Preis, und dieser Preis ist hoch, sehr hoch. Er orientiert sich wie jede Ware nicht nur am Angebot, sondern auch an seiner Nachfrage, und die Nachfrage nach diesem Medikament beruht in erster Linie auf seiner Alternativlosigkeit. Hinzu kommt ein weiterer Umstand: Normalerweise bricht eine Nachfrage ein, wenn der Markt erkennt, dass die Ware ihren Preis nicht wert ist. Genauer, wenn der Erfolg des Medikaments seinen Preis nicht wert ist.

Genau hier beginnt eine Art Apokalypse: Für eine Verlängerung des eigenen Lebens um eine Nachspielzeit von zwölf Monaten erscheint eigentlich kein Preis zu hoch. So jedenfalls werden die Betroffenen denken und mit ihnen auch ihre Angehörigen und sonst nahe stehende Menschen. Ob der Patient wöchentlich mit seinem Ableben rechnen soll oder ob er stattdessen erwarten darf, weitere zwölf Monate zu leben? Diese Frage entscheidet der Patient ungeachtet eines Preises für diese Therapie und ungeachtet seiner dafür vorhandenen Mittel.

Wenn er sich für ein zwölfmonatiges Weiterleben-Dürfen entscheidet, dann »um jeden Preis«. Die eigentlich unerschwingliche Höhe seines Preises dürfte den Patienten kaum von seinem Entschluss, weiterleben zu wollen, abbringen. In diesem Fall also bitte die Therapie, »koste sie, was sie wolle«!

Diese Abwägungen sind typisch für einen Menschen in einer solchen Lage und dürften auch dem Hersteller dieses Medikaments kaum verborgen bleiben. Er dürfte seinen Preis klassisch wie folgt kalkulieren: Alle bisherigen Kosten für Erforschung, Erfindung, Zulassung und Herstellung dieses Medikaments addieren sich auf seine Einstandskosten. Hinzu kommt seine handelsübliche Gewinnmarge, und daraus resultiert sodann der vorläufige Abgabepreis. Dieser Betrag erfährt situationsbedingt eine Korrektur. Situationsbedingt?

Nun kommt der Moment im Leben eines Unternehmers, in dem auch das blinde Huhn einmal ein Korn findet. Es ist der Moment, in dem beispielsweise ein Goldgräber endlich auf seine Goldader gestoßen ist. Der ewige Traum von der wundersamen Geldvermehrung mag Wirklichkeit werden. Der Hersteller passt den tatsächlichen Preis für das Medikament den Marktgegebenheiten an, und das bedeutet, einem besonderen Umstand mag hier Rechnung getragen werden. Er liegt in der Alternativlosigkeit dieses speziellen Medikaments auf dem Markt. Seinem Medikament widerfährt das einmalige Schicksal eines »Unique Selling Points«.

Das erlaubt seinem Hersteller, sowohl das Angebot des Medikaments beliebig, sagen wir um das Hundertfache, zu erhöhen, denn die Nachfrage ist groß genug. Darüber hinaus wird der Hersteller nicht gehindert sein, den Preis für dieses Medikament mit dem Faktor eintausend zu multiplizieren und so für die Therapie statt 100 $ einen Preis in Höhe von 100.000 $ anzusetzen. Zwölf Monate weiterzuleben für 100.000 $, denn Geld ist Zeit, und Zeit ist Geld. Ein Schelm, wer Schlechtes dabei denkt.

Ersthelfen

Was hat es auf sich mit dem Traum vom Rückzug auf eine einsame exotische Insel? Weißer Sandstrand und grüne Palmen, sonst nichts. Keine Sorge um Ihre Gesundheit? Kein Arzt und keine Medizin. Kein Rettungsdienst und kein Krankenhaus. Kein Pharmaunternehmen und kein Forschungslabor. Keine Ausbildungsstätten für Ärzte und Pflegepersonal. Keine Gesundheitsbehörde und kein Sanatorium.

Es ist müßig, sich auszumalen, wie schnell sich der Genuss von Strand und Palmen in ein leidvolles Drama verwandeln könnte. Angefangen mit Banalitäten wie einem einfachen Mittel gegen Schmerzen oder zur Desinfektion. Weiter mit der Unbeholfenheit bei plötzlichem Fieberbefall bis hin zur Illusion einer künstlichen Beatmung oder der Abwehr von Viren und Bakterien. Kurzum: Die Gesellschaft bot immer und nahezu überall die notwendige medizinische Versorgung. Auch wenn alles gut ging und kein

Anlass bestand, diese tatsächlich in Anspruch zu nehmen: Die Gesellschaft vermittelte das Gefühl und die Sicherheit, dass eine umfassende medizinische Versorgung ständig zur Verfügung steht.

Man braucht nur zu rufen. Auch wenn es so schlecht um einen bestellt sein sollte, dass man nicht mehr Herr seiner Sinne ist, wird einem geholfen. Erste Hilfe funktioniert auch ohne eigenes Zutun, sei es in der Wohnung, am Straßenrand, im Gebirge, zu Wasser, in der Luft, wo auch immer, und dies meist sehr schnell und in professioneller Form. Eine Selbstverständlichkeit, der man nie wirklich Beachtung geschenkt hat?

Sobald eine Netzanbindung gelingt, werden die Daten synchronisiert. Daten über Smartphones, Tablets oder Computeranwendungen werden hochgeladen. Alle, die an der Bekämpfung von Epidemien beteiligt sind – Klinikpersonal, Laborteams, Epidemie-Fachleute –, werden diese Daten sehen, beurteilen, sich miteinander vernetzen sowie Schritte der Seuchenkontrolle koordinieren.

Verordnen

Die Geschichte des Zauberkastens. Ein alter Mann, gezeichnet von einem langen Leben und von der Mühsal des Schleppens schwerer Baumstämme, bis der Buckel krumm war. So krumm, dass er kaum mehr aufrecht gehen konnte. Tief gebeugt und dennoch nicht in einen Rollstuhl verbannt. Seit Jahren geht er seines Weges, mit zwei Stöcken und mit Pausen nach zwanzig Schritten. Er tut es schon lange, als wolle er sich täglich beweisen, dass sein Platz auf der Straße ist unter Menschen. Nicht im täglichen Wechsel zwischen Schlafzimmer und Küche, wo er zusammen mit seiner Familie seine Nahrung noch selbstständig zu sich nehmen darf.

Was verschafft diesem Mann ein derartiges Vermögen, durchzuhalten im Kampf gegen seine Verbannung in den Rollstuhl? Es ist ein Mittel, das ihm die Schmerzen nimmt, die das Gehen auf seinen Beinen erzeugen. Und nimmt es die Schmerzen zwar nicht gänzlich, so lindert es sie auf das Maß des für ihn Erträglichen.

Ein Wundermittel, das ein Arzt erfunden hat? Nicht erfunden, aber doch mindestens gefunden und entdeckt als Medikament für diesen alten Mann. Nicht nur entdeckt, sondern auch aufgetrieben auf dem geheimnisvollen Markt solcher Zaubermedizin, im Angebot für Menschen, die in Großstädten leben, wo Bedürftige wie dieser alte Mann zuhauf leben und wo Menschen wie er vegetieren müssten, gäbe es dieses Schmerzmittel nicht.

Allerdings lebt dieser alte Mann nicht in einer Großstadt, sondern auf dem fernen Land, wo er mit seinem Schicksal seinesgleichen sucht. Wo diese Suche vergeblich wäre, hätte er nicht die Zuwendung dieses Arztes erfahren, der Wege kennt, ihm dieses Mittel zu besorgen – genauer: besorgen zu lassen.

Das Glück, das dem alten Mann widerfuhr, war dieser Arzt, und nicht nur er persönlich, sondern der Fortschritt der Medizin und speziell der Fortschritt der Technik, die diese gesundheitliche Versorgung eines Patienten heute bereithält. Bereit für ihn in der Großstadt.

Dieser alte Mann, auch wenn er auf dem Land lebt, kommt in den Genuss solcher Technik dank des heutigen Standes der Informationstechnologie. Schritt für Schritt: Der Arzt hatte schon vor geraumer Zeit die Möglichkeiten, diesen Mann zu untersuchen, das heißt im Rahmen einer Anamnese dessen Vorerkrankungen festzustellen und hierauf aufbauend eine Diagnose zu seinen Beschwerden zu erstellen.

Alle dafür relevanten Daten hatte er in ein System einfließen lassen, auf das er bei jeder zukünftigen Gelegenheit zurückgreifen kann. Aufbauend hierauf gelang ihm dadurch der nächste

Schritt, nämlich diesem Patienten eine sachgerechte Therapie zu verordnen. Im Hinblick auf dessen fortgeschrittenes Alter nicht operativ, sondern nur, aber immerhin eine medikamentöse Therapie zur Linderung seiner Beschwerden. Ebenfalls für alle anderen Ärzte einsehbar in seinem System, das jederzeit ein akutes Update ermöglichte, sollte eine Veränderung seines Krankheitsbildes eintreten.

Der alte Mann, genauer gesagt seine Angehörigen, erhielten eine Chipkarte, in der nicht nur die Verordnung seiner Medizin gespeichert wird, sondern auch der Link für einen bedarfsgerechten Abruf desselben Medikaments. Mit dieser Chipkarte konnte man sich an der nächstgelegenen Abholstation, einem Bankautomaten ähnlich, dieses verordnete Mittel ausgeben lassen. Für den alten Mann war das, was hinter diesem System steht, zu viel Technik und als Prozess kaum nachvollziehbar. Egal, sie funktionierte, und der Mann nannte diesen Automaten schlicht Zauberkasten, voller Respekt, ja geradezu Ehrfurcht vor dem heutigen Stand der Technik. Er verfügte über seine Medizin, wann immer er sie akut brauchte, und er war zufrieden und glücklich.

Offenlegen

In der geplanten Verantwortungsgemeinschaft sollten Menschen rechtlich besser abgesichert werden, die Verantwortung füreinander übernehmen, aber keine Beziehung im klassischen Sinne haben. Diese Verantwortungsgemeinschaft solle vieles einfacher machen. Dabei ginge es um Dinge wie das Auskunftsrecht gegenüber Ärzten oder bei anderen Vertretungsfragen. »Ich denke, das ist attraktiv – gerade für Menschen, die sich mit heiklen Fragen wie der Vertretung im Fall von Krankheit oder Pflegebedürftigkeit eigentlich lieber nicht beschäftigen«, sagt Marco Buschmann.[9]

04. Team Bildung

»Möglichkeiten lebenslangen Lernens für alle fördern!« So lautet
Auftrag 4. Bürgermeister nehmen diesen Auftrag bereitwillig
entgegen und geben ihn weiter an Valerie und deren TeamBildung zur Ausführung:

- Wir werden inklusive, gleichberechtigte und hochwertige
  Bildung gewährleisten.
- Wir werden sicherstellen, dass alle Jugendlichen Lesen
  und Schreiben lernen.
- Wir werden eine hochwertige Bildung durch angemessene Schulausstattung mit Computer- und Internetzugang für pädagogische Zwecke ermöglichen. Anteil
  der Grund- und Sekundarschulen mit Computer- und
  Internetzugang für pädagogische Zwecke.

Fortbilden

Ohne Bildung können Menschen ihre individuellen Potenziale
nicht entfalten und kein Fachwissen erwerben. Ohne ausgebildete
Arbeitskräfte wiederum kann kein nachhaltiges wirtschaftliches
Wachstum entstehen. Hochschulbildung und Forschung sind
die Grundlagen für neues Wissen und Innovationen. Sie tragen
dazu bei, dass die Wettbewerbsfähigkeit eines Landes gestärkt
wird und neue Arbeitsplätze geschaffen werden können.

»In zehn Jahren«, so die Auffassung von Winfried Kretschmann,

»wird sich jeder einen Knopf ins Ohr setzen – und der übersetzt das simultan, was da gesprochen wird. Das wird so kommen.« Ob jemand Französisch oder Kisuaheli rede, sei egal, die Maschine übersetze in hoher Qualität simultan. »Das ist eine super Entwicklung, um Sprachbarrieren zu überwinden.« Kretschmann spricht – als Absolvent eines altsprachlichen Gymnasiums – kein Französisch und verfügt nur über Englisch-Grundkenntnisse. Mit dem Erwerb einer Sprache lerne man ein Land und eine Kultur kennen, das lasse sich durch KI nicht ersetzen. »Man muss den Sprachunterricht angesichts neuer technischer Möglichkeiten neu denken.« Man könne mehr Zeit darauf verwenden, sich mit Begriffen wie Heimat oder Citoyenneté zu beschäftigen, die sich nicht so einfach übersetzen ließen.[10] Der Philologenverband nannte Kretschmanns Vorstoß »bildungsfeindlich« und eine »Kapitulation des Humanismus vor KI«.[11]

Schule und Ausbildung erfüllen aber bei Weitem nicht nur den Zweck der Alphabetisierung. Schule ist gleichzeitig Sozialisierung. Schüler verlassen mehr und mehr den Ring des Sparrings mit ihren Eltern oder Geschwistern. An deren Stelle treten die Klassenkameraden, die Lehrer und andere Weggenossen. Auf zunächst spielerische Weise konnten sie sich an den anderen messen lernen und dabei meist ungestraft die ganze Palette von Fehlern machen, die sich naturgemäß aus dem Zusammentreffen mit anderen ergeben. Auch wenn sie, bildlich gesprochen, dann und wann ein blaues Auge davongetragen hatten – nicht nur aus eigenen Fehlern, auch aus den Fehlern anderer haben sie hinzugelernt. Überrascht, manchmal auch schockiert, nahmen ihre Eltern zur Kenntnis, dass sie gelernt hatten, auf der sozialen Klaviatur Töne zu spielen, die nicht aus dem Repertoire ihres Elternhauses stammten. Wenn sie dabei den Bogen überspannt hatten, kam der Gegendruck aus dem häuslichen Umfeld, mal mehr, mal weniger. Daraus ergab sich für sie die Chance, eine Balance zwischen den jeweiligen Limits herzustellen. Zugegeben, diese Begleiterscheinung der Schule stand und steht auf keinem Lehrplan, sie ist ein willkommener und höchst nützlicher Nebeneffekt. TeamBildung möge für ebendieses Angebot der Gesellschaft werben.

Mehrwissen

Notizblock und Stift – das Werkzeug, um gehörtes Wissen aufzunehmen und nach Hause zu tragen. Wenn die Schule darauf aufbaut, wird sie besonderes Augenmerk auf eine akkurate Heftführung gelenkt haben. Das Nadelöhr auf der Schulbank blieb jedoch die Aufnahmefähigkeit und -bereitschaft des Zuhörenden. Wer ein Gespür für dabei entstandene Lücken hatte, der konnte zur Wissensauffrischung den Weg zur Stadtbücherei suchen, in ländlichen Gebieten aber kaum finden.

Schule und Ausbildung erfüllen aber bei Weitem nicht nur den Zweck der Alphabetisierung. Schule ist gleichzeitig Sozialisierung. Schüler verlassen mehr und mehr den Ring des Sparrings mit ihren Eltern oder Geschwistern. An deren Stelle treten die Klassenkameraden, die Lehrer und andere Weggenossen. Auf zunächst spielerische Weise konnten sie sich an den anderen messen lernen und dabei meist ungestraft die ganze Palette von Fehlern machen, die sich naturgemäß aus dem Zusammentreffen mit anderen ergeben. Auch wenn sie, bildlich gesprochen, dann und wann ein blaues Auge davongetragen hatten – nicht nur aus eigenen Fehlern, auch aus den Fehlern anderer haben sie hinzugelernt. Überrascht, manchmal auch schockiert, nahmen ihre Eltern zur Kenntnis, dass sie gelernt hatten, auf der sozialen Klaviatur Töne zu spielen, die nicht aus dem Repertoire ihres Elternhauses stammten. Wenn sie dabei den Bogen überspannt hatten, kam der Gegendruck aus dem häuslichen Umfeld, mal mehr, mal weniger. Daraus ergab sich für sie die Chance, eine Balance zwischen den jeweiligen Limits herzustellen. Zugegeben, diese Begleiterscheinung der Schule stand und steht auf keinem Lehrplan, sie ist ein willkommener und höchst nützlicher Nebeneffekt. TeamBildung möge für ebendieses Angebot der Gesellschaft werben.

Lesen

Da waren viele Schilder, alle beleuchtet und mit Zeichen, so unlesbar wie die arabische Schrift. Kein einziges Wort ließ sich daraus entziffern. Der junge Mann erinnerte sich an die dramatischen Momente in diesem Haus voller Menschen. Das Haus brannte an allen Enden. Sie stürmten durch die Gänge und Flure, bis ihre Wege vor verschlossenen Türen endeten. Die Luft wurde immer dicker. Heißer Rauch und Gase raubten den Flüchtenden nicht nur die Sicht, sondern auch den Atem.

Ein Schild war da, erinnerte sich der junge Mann. Ein Schild unter den vielen anderen, heller beleuchtet und mit nur wenigen Schriftzeichen. Sie erschienen ihm deutlich größer als die anderen, dennoch vermochte der junge Mann sie nicht zu entziffern. Vier Zeichen sollen es gewesen sein, davon zwei Zahlen und, so meinte er sich zu erinnern, noch zwei Kreuze. Unterschiedlich, aber eben Kreuze. Eine der beiden Zahlen war eine »1«, die andere Zahl sah aus wie eine »3«. Ein Kreuz stand zwischen den Zahlen, das weitere Kreuz am Ende der Ziffernreihe. Der junge Mann gab auf, lief die Gänge hinunter und wieder zurück, vergeblich.

Wie der junge Mann aus dem brennenden Haus gerettet wurde, weiß niemand. Das Ziffernrätsel wusste er damals nicht zu entschlüsseln. Vielleicht war es ein anderer unter den Flüchtenden, der das Rätsel lösen und die vier Ziffern auf diesem Schild entschlüsseln konnte.

Vielleicht die ebenso junge Frau in seiner Nähe. Sie erkannte, dass die beiden Kreuze in Wirklichkeit Buchstaben waren, nämlich ein »X« und ein »T«. Eine Frau, die lesen konnte und sah, dass die zweite Zahl in Wirklichkeit ein »I« darstellte und die erste Zahl nicht eine »3«, sondern ein »E«. Eine Frau, die dem jungen Mann, dem »EXIT« folgend, den Weg zum lebensrettenden Notausgang weisen konnte.

Menschen, die das Augenlicht verloren haben, oder Menschen, die taub oder stumm sind, sowie Menschen, die eine Lähmung erleiden, alle diese Menschen haben eines gemeinsam: Sie tragen und ertragen ein Schicksal, das sie abhängig macht von der Hilfe anderer Menschen, in nahezu jeder Lebenslage.

Noch nicht erwähnt ist eine Gruppe von Menschen, die ebenfalls abhängig ist von der Hilfestellung durch Mitmenschen. Es sind die Menschen, die niemals Gelegenheit hatten, Lesen und Schreiben zu lernen. Sie werden nicht nur einmal in ihrem Leben vor einer Reihe von Schildern stehen und nicht erkennen können, dass eines dieser Schilder sie auf den einzig verbleibenden »EXIT« hinweist. Sie mögen Buchstaben erkennen und fotografisch eine Kombination wie »3 x 1 t« in Erinnerung behalten.

Analphabetismus kann zur Lebensgefahr führen, oder zumindest wird Analphabetismus das Risiko erhöhen, dieser Gefahr nicht rechtzeitig zu entkommen. Diese Menschen mögen Nahrung finden durch handaufhaltendes Betteln. Eine Wohnung zu finden, ohne etwas mit dem Stück Papier anfangen zu können, auf dem die Konditionen der Miete stehen, ist schon schwieriger. Wie aber eine Arbeit aufnehmen, ohne schwarz auf weiß erkennen zu können, wie viel Lohn dafür ausbezahlt wird? Es bleibt eine Frage des Vertrauens oder besser der Gutgläubigkeit dieser Menschen – eine Haltung, die auf der Erde heute selten belohnt wird.

Vorlesen

In der Realität sind Schreiben und Rechnen Fertigkeiten, deren Erwerb Mühe verlangt – von jedem einzelnen Kind, von seinen Lehrern und auch von den Eltern. Die alles entscheidende Frage ist, wie man die Kinder dazu motiviert, diese Anstrengung auf sich zu nehmen. Die Antwort darauf ist nicht leicht zu geben. Gleichwohl sollten sich Eltern klarmachen, dass Bildschirmzeit und Lesezeit in einem Konkurrenzverhältnis stehen. Social Media erklären sich den Kindern selbst; es liegt also an den Erwachsenen, ihnen die Segnungen des Lesens zu vermitteln. Dazu müssen Kinder mit Geschichten in Berührung kommen, mit Hexen und Hobbits, sprechenden Tieren und Piraten. Es gäbe kaum ein Kind, das mit einer spannenden Geschichte, die ein Erwachsener mit Engagement vorträgt, nicht zu bezaubern wäre. Susanne Gaschke warb ausdrücklich für das Vorlesen. Es müsse Standard werden in der Familie, in Kindergärten, in Grundschulen. Kinder müssten die Faszination fiktiver Welten kennenlernen, die vor ihrem inneren Auge entstehen.[12]

Je früher mit dem Vorlesen begonnen wird und je häufiger vorgelesen wird, desto besser. So war es in der analogen Zeit, sagt Andreas Gold. Halten auch die digitalen Angebote, was das analoge Vorlesen verspricht? Die literale Sozialisation der Kinder beginnt in ihren Familien. Dass das frühe Vorlesen den Wortschatz, den Sprachgebrauch und das Ausdrucksvermögen, die Vorstellungskraft sowie die Fähigkeit zum Zuhören fördert, weiß man. Ein klassisches Bilderbuch für Kinder im Vorschulalter ist im Doppelseitenformat gestaltet, umfasst in aller Regel nicht mehr als 24 Bilder und hat einen zugehörigen Text von etwa 300 Wörtern. Gedruckt ist es auf Pappe oder ähnlich strapazierfähigem Material. Wird es gemeinsam angeschaut, lesen die Erwachsenen die zwei bis drei Sätze meist wortgetreu vor, die einem Bild unterlegt sind. Lange bevor sie selbst lesen und schreiben lernen, erfahren Kinder so, dass die Wörter auf das Abgebildete verweisen und dass es eine besondere Beziehung zwischen der gesprochenen und der geschriebenen Sprache gibt. Gutes Vorlesen ist dialogisch. Weil die Vorleser gezielt die Aufmerksamkeit des Kindes lenken, ihm Fragen stellen und ihrerseits die ihnen gestellten Fragen beantworten, weil sie zusätzliche Erklärungen geben und die Sprachäußerungen der Kinder ergänzen.[13]

Muttersprechen

Auf ihrem täglichen Weg zur Wasserquelle plaudern sie über dies und das, Alltagsprobleme, Neuigkeiten und Wissenswertes, das man vom Hörensagen erfahren hat. Ein Wort machte seit einiger Zeit die Runde und es klang wie Caprice. Etwas Geheimnisvolles schien es damit auf sich zu haben, aber was genau, konnten die Nachbarn noch nicht herausfinden.

Hier auf dem Lande geht man wohl auch weiterhin den Weg, Mutter oder Vater zu fragen oder, wenn diese es erlauben, ausnahmsweise auch einmal einen der alten Dorfweisen. Ein Rätsel. Und das heute? Diese Hoffnung mag in Erfüllung gehen, wenn da nicht der Geist durch die ländlichen Sphären wehte, ohne jedes gesprochene Wort. Die jungen Generationen finden Wege eines Austausches über Dorfgrenzen hinweg, vorbei an den Schreib- oder Stammtischen der Alten und, was noch wichtiger erscheint, vorbei an den allzu offenen Ohren von meldewilligen Wasserträgern dieser Alten, in deren Augen wichtige Kundschafter unliebsamer Trends und Tendenzen.

Wie Wasser seine Wege durch ein sprödes Gemäuer findet, so auch Meinungen, vorbei an allen dagegen aufgestellten Hürden. Schon im vergangenen Jahrhundert eröffneten sich »Kanäle« für Ströme eines neuen Zeitgeistes weit außerhalb geschriebener Worte in Büchern, Zeitschriften oder der Briefpost. Nachrichten bahnten sich ihre Wege, welche auch immer. Das Zeitalter des Radios öffnete Tür und Tor für Neugier und Wissensdurst und nebenbei für immer größere Zweifel an der bisherigen Exklusivität des Rats der Alten.

Dieses Radio, genauer die Menschen dahinter: Sie verstanden sehr schnell, ihre neue Form des Rates jedem auch noch so abgelegenen Dorf zuteilwerden zu lassen. Jahre, Jahrzehnte bediente dieses Radio den Wissensdurst. Es lag am Erlebnishunger der jungen Generationen. Den Alten blieb letztlich nichts anderes übrig, als sich mit der Existenz derart neuer Quellen abzufinden. Hier und heute? Hat das Radio ausgedient, dort und vielleicht im ganzen Land?

Wie dem auch gewesen sein mag, das Wort Caprice blieb allen weiterhin ein Rätsel. Offensichtlich vermochte niemand unter den Nachbarn das Rätsel aufzulösen. Wer sollte dieser fremden Sprachen mächtig sein, um zu erkennen, dass die Worte nicht Caprice lauteten, sondern »Can't breathe«? »Can't breathe.« Diese Worte konnten sie hören, akustisch. Ihre Bedeutung verstehen konnten sie hingegen nicht, allenfalls erraten.

Die Leute kommen mit sehr unterschiedlicher Lebenserfahrung und sozialem Hintergrund hierher. Zu sehen, wie Menschen sich helfen, die zum Teil nicht einmal dieselbe Sprache sprechen, ist einzigartig an unserer Schule. Wir überwinden Sprachbarrieren, indem mehrsprachige Schülerinnen und Schüler die anderen als Sprachcoach unterstützen.

Sprachgeben

Die neuen Technologien und das weltweite Internet sollten es heutzutage möglich machen, alles zu erlernen, was man will, wo man will und wann man will. Zu verstehen, was »Can't breathe« bedeutet, ebenso, was in den Worten jener Sprache darauf zu antworten wäre, damit es alle verstehen, die sich davon angesprochen fühlen.

Man kann sich heute in erstaunlich kurzer Zeit einen Grundwortschatz in dieser Sprache, hier Englisch, erarbeitet haben. Danach könnte man auf das nächste Ziel zugehen und mehr darüber in Erfahrung bringen, was es mit »Can't breathe« auf sich hat. Mit der Bedeutung, mit den Ursachen und Hintergründen dieses Rufes. Oder je nach Interessenlage den nächsten Schritt in Angriff nehmen, den Schritt zur weiteren Eroberung des vermeintlichen Wissensvorsprungs anderer, die mit den Facetten ihres bisherigen Herrschaftswissens zu hausieren pflegten.

Über kurz oder lang sollte man seinem Ziel näher kommen, sich aus dem Tal der Ahnungslosen befreit zu haben. Man könnte sich hochgearbeitet haben in eine andere gesellschaftliche Schicht. Eine Schicht der – sagen wir – »Belesenen« oder auch nur »Einäugigen unter den Blinden«. Eine Schicht ganz ohne Schulhaus, Lehrer, unsichere Schulwege, fehlende Toiletten. Eine Schicht der Benachteiligung von sogenannten »Ungläubigen« und mit sonstigen oft unüberwindbaren Hürden.

Wir haben verstanden und stellen nun Fragen nach dem »Wie?« und damit die Schule vor folgende Herausforderungen: Kindern und Jugendlichen Zugang zu hochwertiger frühkindlicher Erziehung, Betreuung und Vorschulbildung sichern, damit sie auf die Grundschule vorbereitet sind. Sie werden bestrebt sein, Kindern und Jugendlichen unter anderem sichere Schulen zu bieten. Ausgerichtet auf einen Zusammenhalt der Gemeinwesen. Familien ein förderliches Umfeld zu bieten für die volle Verwirklichung ihrer Rechte und Fähigkeiten.

Trainern

Ohne Bildung können Menschen ihre individuellen Potenziale nicht entfalten und kein Fachwissen erwerben. Ohne ausgebildete Arbeitskräfte wiederum kann kein nachhaltiges wirtschaftliches Wachstum entstehen. Hochschulbildung und Forschung sind die Grundlagen für neues Wissen und Innovationen. Sie tragen dazu bei, dass die Wettbewerbsfähigkeit eines Landes gestärkt wird und neue Arbeitsplätze geschaffen werden können, sagt Rüdiger Soldt.[14]

Was früher der Hausmeister einer Schule war, ist heute ein Trainer der Jungen. Er ist eine unentbehrliche Stütze für die Jungen, die sich zusammentun, um Wissen aus allen erdenklichen Richtungen und für jeden nützlichen Zweck zusammenzutragen und Rat suchenden Nutzern zur Verfügung zu stellen.

Trainer, die das Beraten zu ihrem Beruf erwählt haben, die darin eine regelrechte Berufung erkennen. Nicht nur berufen, Richtiges und Wichtiges zusammenzutragen, sondern zum richtigen Zeitpunkt am richtigen Ort jedem tatsächlich konkret Interessierten zur eigenen Verfügung – im wahrsten Sinne des Wortes – zu stellen.

Es ist ein Auftrag »von Menschen und für die Menschen«. An seiner Umsetzung mögen sich »Experten« beteiligen, Menschen, die – meist im Auftrag eines Unternehmens – die Jungen finden und diese in die Lage versetzen, dort mit derlei Hilfen umzugehen.

Experten sind Trainer, die es verstehen, sich zur richtigen Zeit am richtigen Ort einzufinden. Menschen mit Sachverstand, Empathie und Geduld. Menschen, die nach dem Motto »Train the Trainer« ebendiese Ziele gemeinsam mit den Jungen vor Ort verfolgen. »Train the Trainer«, und zwar so lange, bis die Jungen verstehen, die Probleme in ihrem Umfeld selbstständig zu bewältigen.

Die wichtigste Quelle, auf die Experten zugreifen, ist die Technik, sozusagen der Werkzeugkasten, der für jeden Handgriff eines Experten den passenden Schlüssel bereithält. Diesen Schlüssel, weniger im gegenständlichen als im kreativen Sinne, finden Experten in der Hand eines Teams von IT-Spezialisten. Das sind hoch qualifizierte Experten, die es verstehen, eine Verbindung herzustellen. Eine Brücke zu bauen zwischen dem Campus der Experten auf der einen und dem Nutzer der Wissensbank auf der anderen Seite.

05. Team Frauen

»Geschlechtergleichstellung erreichen!« So lautet Auftrag 5. Bürgermeister nehmen diesen Auftrag bereitwillig entgegen und geben ihn weiter an Valerie und deren TeamFrauen zur Ausführung:

- Wir werden alle Frauen und Mädchen zur Selbstbestimmung befähigen.
- Wir werden die Nutzung von Grundlagentechnologien, insbesondere der Informations- und Kommunikationstechnologien, verbessern, um die Selbstbestimmung der Frauen zu fördern.
- Wir werden über den gleichen Zugang zu hochwertiger Bildung, wirtschaftlichen Ressourcen und politischer Teilhabe und Chancen auf Beschäftigung, Führungspositionen und bei Entscheidungsprozessen auf allen Ebenen verfügen.
- Wir werden auf eine geteilte Verantwortung innerhalb des Haushalts und der Familie hinwirken, damit ihre Entscheidungsmacht im eigenen Haushalt zunimmt.
- Wir werden eintreten für die Bereitstellung öffentlicher Dienstleistungen und Infrastrukturen, Sozialschutzmaßnahmen und die Förderung geteilter Verantwortung innerhalb des Haushalts und der Familie.

Selbst im Kreis der Ältesten gibt es eine Hierarchie: »Oben sticht unten«, und oben ist immer der Chief, das traditionelle Oberhaupt der Gemeinschaft. Für die Rückkehrer aus den Städten ist es oft auch die Rückkehr in eine andere, nicht mehr nur selbstbestimmte Welt. Es fehlen die Annehmlichkeiten der Stadt und es trifft auch noch so selbstbewusste Frauen, die gelernt haben, etwas erreichen zu wollen. Ein Beispiel: Kommt die Frau von der Arbeit zurück, so grüßt sie den Mann. Begegnet sie aber dem Chief, so wird sie sich vor ihm verneigen, und sie wird warten, bis der Chief weitergezogen ist. Aus Sicht der Frauen könnte man auch sagen, es ist eine Rückkehr der Frau ins Patriarchat.

Ein Chief hat gewöhnlich kein großes Interesse, dass sich daran etwas ändert. Es gibt Chiefs, die vor allem an sich selbst denken. Es gibt aber auch moderne Chiefs, die versuchen, diese Verhältnisse zwischen Mann und Frau zu ändern. Vielleicht nicht zum Positiven für die Frau, wohl aber zum Positiven für ihre Gemeinschaft.

Was wird man erwarten dürfen? Trifft ihr Chief gern Entscheidungen allein oder bezieht er sie mit ein? Legt der Chief Wert auf traditionelle Regeln oder bevorzugt er freies Denken, auch bei ihr?

Es sind die Frauen, die die größte Last zu tragen haben mit der Notlage der ihnen anvertrauten Menschen. Sie kümmern sich nahezu um alles: den häuslichen Bereich, auf dem Lande zuweilen noch ohne Wasser oder Strom; die Versorgung der Familie und ihrer Kinder, die Kindererziehung und das Schulwesen; gleichzeitig um Ackerbau und Kleintierhaltung sowie die Versorgung der Alten und Kranken. Mädchen werden regelmäßig im Alter von vierzehn Jahren zwangsverheiratet und infolgedessen bereits vor Abschluss der Primarschule dem Bildungswesen entzogen.

Dennoch tragen Frauen weiterhin die Last der Verantwortung für die Kinder und die älteren Verwandten. Neben diesen Aufgaben versuchen sich Frauen in der althergebrachten Feldwirtschaft, doch fehlt ihnen meist das notwendige Know-how, um die Ernte zu erhöhen. Oder sie suchen ihr Glück im Handel oder verdingen sich, um ihre Familien durchzubringen, als Tagelöhner in Fabriken oder auf Großplantagen.

Solche Lasten und Bürden sind kräfteraubend und führen über kurz oder lang zu einer vollständigen Auszehrung dieser Frauen, physisch wie psychisch. Diese Frauen sind es, die am meisten Not leiden. Sie sind es, die rufen, weil sie Erste Hilfe benötigen.

Jagen

Zwei Dinge braucht »der Mann«. Zwei Dinge, ohne die er in den Tiefen eines Wilden Westens ein »No Name«, ein Nichts und Niemand gewesen wäre. Ein eigenes Pferd, dessen Diebstahl gewöhnlich mit dem Galgen bestraft wurde. Falls weder Galgen noch Sheriff zugegen waren, musste sich der Mann anders zu helfen wissen. Es war das Mittel, das ihm faktisch alle Macht verlieh, sich in der Wildnis zur Wehr zu setzen, nämlich sein Colt.

Anders als der Mann im amerikanischen Wilden Westen, anders als in der Einsamkeit der Prärie und der Büffeljäger hilft sich der Mann im Orient sowohl in der Stadt als auch auf dem entlegensten Dorf der Steppe. Heute, im fortgeschrittenen Stand der Technik, tritt an die Stelle des Pferds ein Motorrad: geländegängig, robust und den dortigen Straßenverhältnissen angepasst. Das Wasser für sein Pferd bezog der Cowboy aus einer Tränke, die er in jedem noch so einsamen Dorf antreffen konnte. Woher der Mann heute das Benzin für sein Motorrad bezieht, bleibt ein für Außenstehende ewiges Geheimnis; Benzin ist offensichtlich für ihn überall verfügbar. Einen Colt braucht dieser Mann nicht, da er sich heutzutage mit anderen Insignien der Macht zu helfen weiß, nämlich einem Smartphone.

In jedem entlegenen Ort trifft man den typischen Mann an, auf seinem Motorrad sitzend und eine Hand am Lenker, jederzeit auf Abruf startbereit für etwaige »Botengänge«, sei es auch für den Transport einer hochschwangeren Frau auf dem Rücksitz seines Motorrads, zu welchem Ort der Niederkunft auch immer. In der anderen Hand sein Smartphone, Zeichen seiner »Vernetzung« mit angeblich wirklich wichtigen Personen seines Umfelds, immer online, um »Aufträge« aus dem täglichen Leben des Dorfes entgegenzunehmen. Auch hier die Frage, woher er den Strom zum Aufladen seines Smartphones bezieht. Nota bene! Der typische junge Mann der heutigen Zeit ist, wo auch immer, ständig mobil und vernetzt.

Eine Frau hingegen verfügt gewöhnlich kaum über derlei Statussymbole. An dieser technisch fortgeschrittenen Art der gesellschaftlichen Kommunikation sollte auch eine Frau ohne Weiteres partizipieren. Wie? Sie schlug den Weg aller Mütter ein und leitet das sogenannte »kleine Familienunternehmen«, sprich, sie versorgt den Vater, ihre Geschwister, die Großeltern, betagte und kranke entferntere Verwandte. Sie beackert ein kleines Feld am Rande des Dorfes und kauft Gemüse, Früchte und alle sonstigen Lebensmittel auf dem Markt in der Mitte des Dorfes und tauscht dort ihre Lebensmittel gegen die der anderen Familien. Wasser, das sie für das Kochen, Waschen, Reinigen und zum Löschen des Durstes der ganzen Familie benötigt, holt sie täglich vom nächstliegenden Brunnen, in einer Karaffe über dem Kopf auf einem Fußweg, eher ein Trampelpfad über eine Entfernung von fünf, manchmal acht Kilometern über das Steppenland vom Brunnen zurück in das Dorf.

Kindergarden

»Ich wohne an einer Gesamtschule. Vor ein paar Tagen, morgens in der Rushhour vor dem Schulgelände – Rushhour deshalb, weil alle noch schnell ihre Kinder abladen und dann zur Arbeit hetzen –, bemerke ich, wie ein kleines Schulkind, vielleicht zweite Klasse, mit dem Fahrrad unterwegs zur Schule ist und plötzlich etwas verliert. Es hält an. Die Autofahrer umfahren das Hindernis Kind. Es rettet sich auf den Fußgängerweg. Das nächste Auto überfährt das Verlorene. Das Kind ist ratlos.

Ich schreite ein in Uniform und versuche, den Verkehr zu stoppen. Ohne Erfolg. Ich schaffe es, das Verlorene zu retten. Es war der Schlüsselbund. Die Schlüssel waren nicht verbogen. Ich übergab sie dem Kind, das mich mit seinen großen Augen anschaute. Was wäre passiert, wenn die Schlüssel verbogen gewesen wären? Hätte es bis zum Abend vor der Haustür warten müssen? Vielleicht.«[15]

Diese Geschichte von Ludwig Dierl stimmt nachdenklich. Ebenso nachdenklich wohl auch die Geschichte der Eltern dieses Kindes. Eltern, die es sich nicht leisten können, auf eine Erwerbsquelle zu verzichten. Zu wenig, was da vom Lohn oder Gehalt oder von sonstigem Einkommen, in der Regel des Familienvaters, für die Familie zur Verfügung steht. Also wird die Mutter für eine weitere Erwerbsquelle zu sorgen haben. Ein sogenannter Minijob, gar dotiert mit einem sogenannten Mindestlohn, wird für sich genommen den Anforderungen nach Cash kaum gerecht werden können. Ein zweiter Minijob? Besser ein zweiter »Fulltime-Job«, denn erst mit der Summe aus beiden Erwerbsquellen sollte eine Familie mit Kindern zurechtkommen. Einen Tod muss man sterben, sagen die Eltern. Sie sagen es auch dem Kind, das dabei »den Kürzeren« wird ziehen müssen.

Es geht weniger um die Emotionen der Eltern als vielmehr um die des umsorgten Kindes: Eltern sind Ansprechpartner und, je älter das Kind wird, auch seine Sparringspartner. Eltern fungieren darüber hinaus als Beispiel, auch als Vorbild und Orientierungshilfe. Hilfsbereitschaft, Solidarität, Verständnis und Erfahrung verleihen Eltern Autorität und Souveränität:

Wer, wenn nicht Eltern, wird einen kindlichen Fehler häufiger mit einem augenzwinkernden Verständnis erwidern als mit einer erzieherischen Bestrafung? Wer, wenn nicht Eltern, die bei einer eingestandenen Jugendsünde schweigen können wie ein Grab? Wer, wenn nicht Eltern, begegnen dem Kind mit ihrem Verständnis für Liebeskummer, auch für solchen, der nicht eingestanden wird? Wer, wenn nicht Eltern, die sich im Spannungsverhältnis des Kindes mit der Schule als sein Partner erweisen, die bei Lehrern vermitteln und um Verständnis werben?

Eltern widmen dem Kind persönlich ihre »Extratime«, die es braucht, um sich mit seinen Bedürfnissen und Nöten, vielleicht auch Ängsten, verständlich machen zu können. Wer, wenn nicht Eltern, die dem Kind ermöglichen, ihnen unauffällig nachzueifern, ohne es zugeben zu müssen, und aus deren Fehlern zu lernen? Wer, wenn nicht Eltern, die über ein Elefantengedächtnis verfügen, ohne nachtragend zu sein, die stets offen sind für persönliche Kritik und im gleichen Atemzug selbst bereit zu Lob und Anerkennung?

Eltern sind nicht Ersatz, natürlich nicht. Es wäre auch reichlich vermessen, eben dies sein zu wollen. Das Einzige, was Eltern bieten, ist ein verlässlicher und nachhaltiger Ersatz für alles, was sonst als Versäumnis der Eltern im Gedächtnis ihres Kindes verankert bleiben müsste. Eltern sind also nichts weiter als unentbehrlich, solange sie nicht nur an ihr Kind, sondern auch einmal an sich selbst denken wollen. Das Kind wird es ihnen danken!

Kaufenlassen

Wie in der Politik und in den Medien haben auch in der Wirtschaft Frauen das Sagen. Da tritt sie in Erscheinung, die Kauffrau, und sucht und wird gesucht, als Gesprächspartnerin, als Kontakt belebende Kraft, als politischer Sender und als Satellit in diesem von Politik geprägten Sammelsurium widerstreitender Interessen. Worin liegt die Kraft, die ihr diese Macht verschafft?

Es ist das Gespür der Frau für individuelle Neigungen. Sie vermag sich ihrem Gegenüber zu nähern, wenn es sein muss, so schnell und doch so unauffällig wie die Schlange ihrer Beute. Sodann durchdringt sie ihr Gegenüber. Sie durchleuchtet unbemerkt sein Inneres, seine Gemütsverfassung. Der Mann verfängt sich in einer Art Kokon. Dieser Kokon erlaubt der Frau, alle Macht über den Mann auszuüben.

Auf welche Beute ist die Kauffrau aus? Sie liegt in einer magischen Größe, nämlich im Gewinn. In diesem Gewinn liegen Sinn und Zweck allen kaufmännischen Wirkens. Die Kauffrau wittert ihre Chance auf Gewinn. Dies gelingt ihr ganz unumwunden im Aufspüren, wer ihr zu welchem Zeitpunkt welches Produkt abzukaufen trachtet. Sie sucht und findet den Appetit ihres Kunden, nach etwas zu verlangen, von dem er überzeugt ist, dass er es braucht, auch wenn er es in Wirklichkeit nicht braucht.

Bei seiner Wahrnehmung, es doch zu brauchen, wird sie zur Not ein wenig nachhelfen, was einer Kauffrau naturgemäß eher liegt als einem Kaufmann. So heranzugehen kennt man mehr und mehr als eine weibliche Domäne: Sie führt ihrem Gegenüber eine Situation vor Augen, die dieser als Verlegenheit empfindet, um ihm danach aus derselben wieder herauszuhelfen. Das gilt im Kleinen wie im Großen.

Es sind die Frauen, die gewinnen. Sie gewinnen nicht vor, sondern mit den Männern. Warum? Weil sie die Männer besser kennen und verstehen. Frauen sind Männerversteher! Männer verstehen, das ist allein die Domäne einer Frau, und diese Domäne kann ihr kein Mann streitig machen.

Was gilt es bei einem Mann zu verstehen? Männer sind keine Sammler, Männer sind Jäger. Sie sind ehrgeizig und eitel. Sie streben nach Erfolg. Als ob Gewinnen allein nicht genügt, sie betrachten den anderen als Gegner. Sie wollen ihn besiegen und über ihn triumphieren. Nur dieser Triumph führt zu Ehre und Ruhm. Nur darin verspüren Männer echte Größe. Unentschieden und Gleichstand langweilen Männer. Um als Gewinner hervorzugehen, brauchen sie Verlierer.

Im Geschäftsleben ist das nicht anders als im sportlichen Wettkampf. Wer mag schon das Opfer sein oder gar ein Bauernopfer? Niemand gibt sich gern geschlagen. Undenkbar, wenn dies einhergeht mit einem Sieg eines Gegners. Ein Mann vermeidet unter allen Umständen, zu unterliegen und sein Gesicht zu verlieren. Manche sehen solche Kampfbedingungen sportlich und nur wenige vermögen spielerisch damit umzugehen. Kaum einem gelingt das Rivalisieren und Wettstreiten ohne Hilfe seiner Gefolgschaft, ohne Raumdeckung durch einen Sekundanten.

Worin liegt die beste Hilfe für einen Kampfeinsatz? Psychologie pur: Was in der taktischen Kriegsführung zum kleinen Einmaleins gehört, ist im Geschäftsleben immer noch Luxusgut: die rechtzeitige Wahrnehmung, ja das Aufspüren von Befindlichkeiten des Gegenübers, das Wittern sich anbahnender Stimmungswechsel und das angemessene Reagieren darauf.

Kurzum, das einfühlsame Steuern hin zu einem partnerschaftlichen Gesprächsverlauf. Nicht zwischen den Teilnehmern eines Stammtisches, sondern im geschäftlichen Schachspiel zwischen

hoch ambitionierten Gegnern. Notwendig ist solch eine Hilfestellung in jedem geschäftlichen Wettkampf. Und für einen
Mann ist sie schier unentbehrlich.

Warum kann es der Mann nicht ohne Sekundanten? Weil der
Mann von gänzlich anderen Dingen getrieben ist. Von seinem
sportlichen Ehrgeiz und seiner Furcht, im Kampf zu unterliegen.
Nur mit sich selbst befasst sich ein Mann. Dies nimmt seinen
Instinkt vollkommen in Anspruch. So sehr, dass er dieselben
Regungen und Befindlichkeiten seines Gegners völlig aus den
Augen verliert. Ein Kampfhahn spürt eben alles andere als den
Schmerz seines Gegners.

Man überlasse diese Hilfe besser einer Frau. Sekundieren ist
ihr Privileg. Warum? Sie und nur sie pflegt in diesem Revier
der Rivalitäten den notwendigen Abstand zu eigenen Befindlichkeiten. Nur einer Frau gelingt die Wahrnehmung der Sensibilität
eines anderen Menschen. Spielend leicht vermag eine Frau für
den entscheidenden Moment über ihren eigenen Schatten zu
springen. Nur sie vermag die Weichstellen ihres Gegenübers zu
fixieren und sodann mit dessen Gefühlen zu jonglieren. Sie be-
herrscht diskretes Soufflieren wie kein Mann. Nur sie kann diese
Waffe in das Geschäftsleben einbringen. Nur sie bietet damit
beste Gewähr für den Erfolg ihres Herrn. Nur sie macht ihn zum
Herrn des Geschäfts. Soufflieren einer Frau bringt dem Mann
Gewinn, immer nur Gewinn.

Vorsorgen

»Füreinander da zu sein, in guten wie in schlechten Zeiten. Bis
der Tod sie scheidet. Solange sie verheiratet sind, leben und arbeiten sie ‚Hand in Hand‘. Nicht, indem sie dasselbe tun. Dafür
bestünde keine Notwendigkeit. Zur rechten Partnerschaft gehört
ein Zusammenwirken zweier Partner, jeder nach seinen Kräf-

ten. Das bedingt naturgemäß, dass einer von beiden draußen im Geschäftsleben einer Erwerbstätigkeit nachgeht, während die oder – hier – der andere die Familie, das Haus und den Hof in Schwung hält. Jeder hält dem anderen den Rücken frei, damit jeder von beiden mit all seiner oder ihrer Kraft auf beste Art und Weise den eigenen ‚Job‘ erledigen kann.«

Was bedeutet das in diesem Fall konkret für sie? Alles in ihren Kräften Stehende aufbieten zu können für ihre Karriere. Als international angesehenes Model der Modebranche. Von zu Hause nichts erfahren oder erleben zu müssen, was sie an ihrem beruflichen Fortkommen hindert.

Dafür sorgt ihr Ehepartner und er tut dies über viele Jahre hinweg mit einer Leidenschaft und Akribie, die ihren drei mittlerweile schon heranwachsenden Kindern keine Wünsche offenlässt. Keine Probleme in der Familie, weder gesundheitlich noch in der Schule noch in der Nachbarschaft noch im Freundeskreis.

Am wirtschaftlichen Fundament fehlte es zu keinem Zeitpunkt, dank der beruflichen Karriere und einem entsprechend großzügigen Einkommen der Mutter der Kinder. Alles ist also zum Besten bestellt in dieser Familie. Kein Grund zu klagen. Größte Zufriedenheit, ja Dankbarkeit, gegenseitig?

Eines Tages trifft der Vater einen vertrauten Experten. Es ist der Berater aus der Bank, die der Familie in allem Geschäftlichen und Finanziellen seit vielen Jahren zur Verfügung steht. Wie es sich für einen Bankberater gehört, kommt auch das Thema der finanziellen Vorsorge zur Sprache.

Das sehe man ziemlich relaxed, antwortet der Vater, es habe sich eine Menge Geld angesammelt, trotz eines ansehnlichen Lebensstandards der Familie und trotz eines geradezu üppigen Lebenswandels der Mutter auf internationaler Bühne. Er, der Vater, sei von Natur aus sparsam und brauche nicht so viel »Liquidität« für sich und für die Kinder. Haus und Hof führe er nicht gerade bescheiden, aber es bleibe laufend genug Geld übrig, um es auf die hohe Kante zu legen. Vorsicht sei die Mutter der Porzellankiste, und deshalb sei über die Jahre aus dem ursprünglichen Notgroschen ein kleines Vermögen geworden, das er, der Vater, nie angegriffen habe, noch nicht einmal die Zinsen daraus. Ein Vermögen, das ihn jetzt ruhig schlafen lasse, auch wenn es irgendwann einmal nicht mehr so gut laufen sollte.

Das Gesicht des Bankers wurde ernster, ja geradezu finster. »Sind Sie sich darüber wirklich einig mit Ihrer Frau? Sie hat dieses Geld verdient und sie wird bei der Verwendung dieses Vermögens ein Wörtchen mitzureden haben. Mehr noch, sie wird darüber selbst entscheiden wollen. Sie wird möglicherweise ihre Entscheidung mit Ihnen abstimmen wollen.

Wenn Sie aber anderer Meinung sein sollten über den Verbleib dieses Vermögens, dann kann es zu einem ‚We agree to disagree‘ kommen. Dreimal dürfen Sie raten, welchen Weg dieses Vermögen dann nehmen wird: für ein Appartement in Saint-Germain-des-Prés etwa oder für eine möblierte Suite in der Upper East in Sichtweite zum Central Park.

Ihre Frau wird zum Höhepunkt ihrer Karriere möglicherweise eine größere Nähe zu ihresgleichen suchen, gern mit Ihnen zusammen, aber wenn Sie nicht mögen, dann zur Not auch ohne Sie. Es war dann das Vermögen, verdient von Ihrer Frau, und daraus wird ein Immobilienvermögen werden, ebenfalls das Ihrer Frau. Das sollte es dann gewesen sein mit Ihrem kleinen Vermögen, abgespart aus bescheideneren Lebensverhältnissen Ihrer Familie.

An die Stelle dieses Vermögens und der Zinsen daraus wird dann eine Kreditkarte treten. Ihre Frau wird Ihnen die Karte zur Deckung Ihrer laufenden Bedürfnisse zur Verfügung stellen, wie sie es auch für jedes Ihrer heranwachsenden Kinder handhaben wird. Solange Sie diese Kreditkarte Ihrer Frau in der Hand halten, wird für alles gesorgt sein, was Sie und Ihre Familie brauchen. Und danach?

Danach stehen Sie trotz all Ihrer Verdienste für Ihre Familie mit leeren Händen da, bliebe da nicht etwa noch ein Dauerauftrag Ihrer Frau für monatliche Barauszahlungen in wechselnder Höhe, je nach Umständen.

Noch ist alles in guter Ordnung. Aber denken Sie an meine Worte! Reden wir baldmöglichst über die Vielfalt der Bankprodukte, die Ihnen da zu einem kleinen Vermögen verhelfen werden, zu Ihrem eigenen Vermögen.

Nur mit uns und unseren Spar- und Versicherungsverträgen schaffen Sie sich ein finanzielles Polster. Eine Sicherheit, die Ihnen Ihre Frau nicht oder zumindest nicht in dem Umfang bieten wird oder bieten will – oder bieten muss, solange Sie sich nicht in Scheidung von ihr befinden. Die Bank an Ihrer Seite!« Ein Schelm, wer Schlechtes dabei denkt.

06. Team Wasser

»Die Verfügbarkeit von Wasser für alle gewährleisten!« So lautet Auftrag 6. Bürgermeister nehmen diesen Auftrag bereitwillig entgegen und geben ihn weiter an Valerie und deren TeamWasser zur Ausführung:

- Wir werden die nachhaltige Wasserbewirtschaftung verbessern, wasserverbundene Ökosysteme schützen und wiederherstellen, darunter Berge, Wälder, Feuchtgebiete, Flüsse, Grundwasserleiter und Seen.

Quellwassern

Ein Werbespruch aus der Mineralwasserbranche besagt: »Ein reines Wasser muss durch einen tiefen Stein.« Der Schwarzwald habe eine Fülle an erstklassigen Heil- und Mineralwässern zu bieten. Und wer die lokalen Wasserversorger fragt, dem würde häufig bescheinigt, dass das Wasser direkt aus dem Hahn mit zu den besten im ganzen Lande zählt. »Doch woran liegt das?«, fragt Reinhold Wagner. Nur an den höchsten Erhebungen des Schwarzwalds, dort, wo der Niederschlag durch dicke Lagen aus Granit, Gneis und Buntsandstein sickern muss, stets angewiesen auf feinste Klüfte und Unregelmäßigkeiten im Gestein, fände man Quellwasser von höchster Reinheit und mit wertvollen Mineraliengehalten. »Je länger das Bodenwasser durch die Gesteinsschichten fließt, desto besser die Filterwirkung und desto höher die Mineralienaufnahme.«[16]

Weißwassern

Menschen nehmen alles in ihre Hand. In eine Hand, die gute Dinge tut und die hilft, alles zu greifen, was seinen Platz sucht. Alles, was den Blick verstellt. Den Blick der Menschen auf Schönes, Wahres und Gutes. Bis alles erledigt ist und der Tisch vor ihnen frei ist, um Gutes anzurichten. Gutes für Leib und Seele, für eine Begegnung mit anderen Menschen, Gutes für Entspannung, Gutes für die Erholung, zuweilen gar für eine Genesung. Indes, mit einer Hand, die wegzuräumen hatte, was sonst Gutem im Wege stünde. Eine Hand, die Ordnung schaffen und dabei gar nach Schmutz greifen und mit Unrat in Berührung kommen musste. Eine solche Hand ist niemals gut für Gutes danach. Diese Hand will sauber sein, gewaschen und rein. Gelöst und befreit von allem, was Gutes sofort schlecht werden ließe. Womit will diese Hand gereinigt sein? Mit nichts anderem als mit Wasser. Wasser ist der Stoff, der alles Unreine verschwinden lässt. Mit ihm alles, bis zum letzten Staubkorn. Bis auch die letzte Schliere von der Hand fließt. Es ist Wasser allein – klares reines Wasser, und davon reichlich. Ein sprudelnder Strahl aus einem sauberen Wasserhahn. In der einfachsten Herberge bot der Gastwirt seinem Gast seit jeher ein Zimmer, das der Gast für sich allein benutzen durfte und das neben dem Bett mindestens über ein Attribut verfügte: nämlich fließend kaltes, wenn nicht sogar warmes Wasser. Familien suchten in ihrer Behausung keinen Wasserhahn. Die Suche wäre auch vergeblich, denn weder innerhalb ihres Hauses noch außerhalb finden sie frisches Wasser. Zumindest in den ländlichen Gebieten fand sich solch frisches Wasser nicht auf dem Boden, weder in Bächen noch in Rinnsalen noch auch nur in Tümpeln oder wenigstens in Pfützen, die ein kürzlicher Regenschauer etwa hinterließ. Es herrschte Dürre auf dem Land und der Regen war selten, meist sehr selten. Wasser fand man, wenn überhaupt, tief unter der Erdoberfläche. Je nach Fortdauer einer Dürre in einer Tiefe des Bodens, die mit Brunnenanlagen kaum erreichbar war, es sei denn, dieser Brunnen verfügte über eine Pumpe, die das Wasser aus jeglichen Tiefen zu saugen vermochte.

Tiefstapeln

Abwasser verschwindet in Rohren und entsorgt sich wie von selbst durch die Kanalisation in Kläranlagen und von dort in Flüsse und in die Meere. Regenwasser hingegen sollte seinen Weg dorthin finden, dank der Naturgesetze der Schwerkraft. Die Natur verlangt von Regenwasser, zu versickern und seine Wege zu finden in die Tiefen des Bodens. Verbaut sind ihm die Wege in die Tiefen des Erdreichs, wo das Grundwasser auf solches Regenwasser wartet. Noch fehlt es an der Einsicht des Regenleitens. Boden, der begrünt ist, gäbe diesen Weg frei. Boden, der versiegelt ist, hingegen immer weniger. »Macht den Weg des Abflusses in die Tiefen wieder frei!« Dieser Ruf bleibt meist ungehört, weil die Herren der Bebauung oben anderes vorhaben, als Regenwasser der Schwerkraft nachzugeben und versickern zu lassen. Sie tun, genauer unterlassen es in ihrer Unwissenheit davon, dass der Pegel des Grundwassers Jahr um Jahr sinkt. So zeigt sich das eigene Grundstück unter einem gänzlich anderen Blickwinkel, solange niemand seinen eigenen Boden wieder durchlässig macht und Regenwasser trinken lässt. Regenwasser hat es nicht verdient, weggeschüttet zu werden wie sonstiges Abwasser. Eine Art der Nachhaltigkeit, mit der kaum jemandem auf bebautem Grund gedient sein kann. Öffnet die Gräben auf euren Grundstücken und lasst Regenwasser in die Tiefen versickern!

Viel Beton, Asphalt und Stein: Die Böden in Städten sind oft überbaut und versiegelt. Regenwasser kann nicht abfließen. Die Folge sind Überschwemmungen. Durch den Klimawandel, welcher Hitzeperioden und Starkregen mit sich bringt, verschärft sich das Problem. Damit eine Stadt wie ein Schwamm funktioniert, braucht es mehr als grüne Dächer. Es gibt eine Vielzahl an Möglichkeiten: mehr Bäume, Kies- statt Betonplätze, gepflasterte Wege mit offenen Fugen oder auch mehr Tanks, in denen Regenwasser aufgefangen wird.

Bereits einige Städte in der Schweiz setzen auf eine Idee aus China: Böden sollen durch Grün- und Versickerungsflächen Wasser aufsaugen. Damit kann Regenwasser einerseits versickern und andererseits verdunsten. Das senkt die Temperatur in der Umgebung. Das Konzept der Schwammstadt wird bereits in verschiedenen Schweizer Städten verfolgt, etwa in Bern, Zürich, Basel, Luzern oder St. Gallen.

Auf dem Weg zur Schwammstadt könne aber jede und jeder mithelfen, sagt Marco Sonderegger. »Gestalten Sie in Ihrem Garten ein Biotop, verwenden Sie auf Ihrer Einfahrt Kies anstatt Asphalt oder installieren Sie einen Regenwassertank.« Um die Bevölkerung zum Umdenken zu bewegen, hat die Stadt St. Gallen als erste Stadt in der Schweiz einen Schwammstadtfonds eingerichtet. Mit insgesamt bis zu 300.000 Franken pro Jahr unterstützt die Stadt Projekte von Unternehmen und Privaten.[17]

Wasserleiten

In den vergangenen Jahrzehnten habe der Mensch die Grundwasserentnahme weltweit massiv ausgebaut. Die Pegelstände der meisten Gesteinsschichten, die Grundwasser führen, sogenannte Aquifere, seien seit 1980 fast überall auf der Welt drastisch gesunken. Und das in einem Tempo, das sogar die Forschenden überrascht. Den Grund für das beschleunigte Absinken der Pegel sieht Hansjörg Seybold unter anderem in der intensiven landwirtschaftlichen Nutzung des Grundwassers zur Bewässerung der Kulturen. »Es würde schon helfen, wenn man das Wasser effizienter nutzt, etwa Tröpfchenbewässerung einsetzt statt Sprinkler oder das Wasser in wasserreichen Zeiten ins Grundwasser zurückpumpt.«

»Die Pegel sinken also einerseits, weil zu viel Wasser abgepumpt wird, andererseits auch aufgrund des Klimawandels. Denn die Regenverteilung ändert sich. Es regnet nicht mehr regelmässig, sondern kommt zu extremen Starkregenfällen. Diese helfen nicht, das Grundwasser wieder aufzufüllen. Das Wasser kann nur bis zu einem gewissen Grad versickern.«

»Auch Genf hatte in den 1960er- und 1970er-Jahren mit einem niedrigen Grundwasserpegel zu kämpfen. Damals hatten die Schweiz und Frankreich unkontrolliert Wasser aus den Gesteinsschichten entnommen, was zu einem starken Absinken des Pegels führte, einige Brunnen trockneten aus. In den 1980er-Jahren hatten sich die beiden Staaten darüber verständigt, Wasser in wasserreichen Zeiten wieder in diese Gesteinsschicht zurückzuführen, um so das Grundwasser wieder zu stabilisieren. Ist das also die Lösung des Problems? Jein. Dieses Vorgehen lässt sich nur anwenden, wenn man ein Gebiet hat, wo man das Wasser herholen kann und man zudem die finanziellen Mittel hat für den Transport«, so Hansjörg Seybold.[18]

In die Bekämpfung von weltweitem Wassermangel sei bereits viel Arbeit gesteckt worden. Kala Fleming sagt: »Ohne Erfolg.« Ein von ihr entwickeltes Daten-System sei eine Lösung. Daten-Technologie eröffne eine ganz neue Welt der Möglichkeiten. Der wichtigste Bestandteil sei die Digitalisierung des Grundwasservorkommens. »Es wird in digitalen Wassertanks virtuell abgebildet. Der Stand der Wasservorräte wird in der Cloud in Echtzeit gespeichert.« Das Konzept hinter diesen sogenannten

»digital aquifers« (digitale Wasserleiter) verglich Fleming mit einer Bank: »Die Bewohner eines Bezirks verfügen über ein Wasserkonto, auf dem das ihnen zustehende Wasser gespeichert ist.« Um dieses digitale System zu verwalten, müsse immer bekannt sein, wie viel Wasser vorrätig ist, wie viel raus- und wie viel reinfließt. »Sensoren ermitteln das reale Wasservorkommen und zusammen mit Wetter-, Umgebungs- und einer großen Anzahl an historischen Daten ergibt sich dann ein virtuelles Bild.« Mithilfe von Big Data löse Kala Fleming Probleme in der weltweiten Wasserversorgung. Die virtuelle Erfassung des Grundwassers ermögliche nicht nur eine effizientere Planung und Verteilung – sondern biete zudem deutlich bessere wirtschaftliche Aufstiegschancen.[19]

07. Team Energie

»Zugang zu bezahlbarer, verlässlicher, nachhaltiger und moderner Energie für alle sichern!« So lautet Auftrag 7. Bürgermeister nehmen diesen Auftrag bereitwillig entgegen und geben ihn weiter an Valerie und deren TeamEnergie zur Ausführung:

- Wir werden für Strom sorgen, der jederzeit und bei allen Witterungsbedingungen verfügbar ist.
- Wir werden nachhaltige Energiedienstleistungen für alle bereitstellen.
- Wir werden den Erhalt der strategischen Infrastruktur (Wasser, Energie, Straßen) in regionalen Händen halten und den Bewohnern einer Randregion zukunftsfähige Arbeitsplätze in der Nähe sichern.

Atemlosen

Die Geschichte handelt von einer Gruppe von Kindern. Sie standen am Rande einer stark befahrenen Transitstraße. Sie bewegten sich, sie tollten und sie tobten, als hätten sie die vielen Stunden zuvor still auf einer Schulbank verharren müssen. Dabei schwitzten und atmeten, ja, keuchten sie wie Sportler auf dem Fußballfeld.

Und in weniger als zwei Meter Entfernung fuhren Autos, Motorräder, Lastkraftwagen und Omnibusse vorbei, mal zügig, mal im Stop-and-go-Verkehr, immer wieder anfahrend, manchmal beschleunigend in einem Maße, als setzten sie zum Überholen an. Die Motoren dröhnten und aus den Auspuffrohren drang dunkelgrauer bis brauner Qualm, ungefähr in Höhe der Nasen und keuchenden Münder dieser am Straßenrand auf ihren Schulbus wartenden Kinder.

Warum ist die Luft in Metrostationen sauber? Weil die Fahrgäste dort nicht rauchen dürfen. Das mag ein Grund sein. Der wichtigere Grund liegt aber in den Motoren der Züge. Ihre Motoren werden nicht mit Diesel, sondern mit Strom angetrieben. Warum nicht auch die Autos auf der Straße?

Wie ein Ameisenstaat. Der große Track in die urbanen Zentren, in der Hoffnung auf ein Leben unter einem eigenen Dach. Dorthin, wo bereits Millionen von Menschen gezogen sind, auf Pfaden, die ausgetrampelt sind und die richtige Marschrichtung erahnen lassen, weil diese Millionen Menschen schließlich nicht irren können.

Wenn überhaupt, dann merken diese Jungen zu spät, dass dieser Weg nicht von der Dürre an die Quelle, sondern bildlich vom Regen in die Traufe führt. In die Traufe von Schlamm nicht ausgebauter Straßen, umgeben von nicht entsorgten Abfällen und Abwässern. Ganz zu schweigen von Schadstoffen, die seit Jahren auf ihre Eindämmung warten, vergeblich.

Da war die Hoffnung, dort mit einer Vielzahl von Menschen eine Gemeinschaft, ja Solidarität anzutreffen. Aus der Hoffnung wuchs Enttäuschung darüber, dass der Kampf ums Überleben dort mit unendlich härteren Bandagen gekämpft wird. Härter als innerhalb der ländlichen Dorfgemeinschaft, in der diese Menschen oft ausharrten, bevor sie die Flucht in die Großstädte ergriffen hatten.

Der ländliche Raum, auf den sie wehmütig zurückblicken, verlor qualifizierte Menschen. Er wurde unproduktiv und drohte religiös-fundamentalistischen Kräften Tür und Tor zu öffnen. Ein auch aus Sicht der Jungen immer stärker empfundenes Motiv für eine Rückkehr back to the roots.

TeamSiedlung soll die von Städten ausgehende Umweltbelastung pro Kopf senken, Abfallreduzierung und -wiederverwertung und die effizientere Nutzung von Wasser und Energie fördern. Durch solide Stadtplanung und -verwaltung können die städtischen Räume der Welt jedoch inklusiv, sicher, widerstandsfähig und nachhaltig werden und als dynamische Zentren für Innovationen und Unternehmertum dienen. Fahrzeugmotoren ziehen die Gesundheit in besonderem Maße in Mitleidenschaft, die Schadstoffemissionen enthalten Bestandteile, die sogar krebserzeugende Wirkung entfalten. Benzinmotoren emittieren Benzol, während Dieselmotoren Rußpartikel ausstoßen. Über 60 Prozent aller durch Luftschadstoffe hervorgerufenen Krebserkrankungen in Ballungsgebieten sollen auf den Ausstoß dieser Schadstoffe zurückzuführen sein.

Löschen

Auch Autos müssten keine giftigen Abgase ausstoßen. Sie müssten nur wie die Züge der Metro elektrisch angetrieben werden. Ein Elektroantrieb hinterließe saubere Luft. So sauber, dass man beim Joggen entlang einer dicht befahrenen Straße auf einen Mundschutz verzichten könnte, selbst während der Rushhour.

Wann aber wird es auf der Erde endlich so weit sein? Abgase sind das Letzte, was Menschen atmen mögen. Es gilt für die Menschen auf allen Kontinenten dieser Erde: Ihre Mobilität ist nicht nur ein Kriterium für Lebensqualität. Mobilität ist vielmehr ein Grundbedürfnis.

Das tägliche Problem, von A nach B zu gelangen, lösen sie weniger durch den Gebrauch von Bahnen und Bussen oder eines Fahrrads, sie setzen stattdessen auf das Automobil. Kilometerlange Staus scheinen das geringere Übel zu sein, von der verschwendeten Zeit ganz zu schweigen. Dies gilt für die Fahrt zum

Arbeitsplatz, zu Schulen und Einkaufszentren ebenso wie auf der Urlaubsreise.

Liegt es letztlich an dem Bedürfnis, beengten räumlichen Verhältnissen zu entfliehen oder sich aus sonstigen Motiven Ablenkung zu verschaffen? Der Oldtimer auf Kuba, der Trabant in der einstigen DDR, der überall in der Dritten Welt anzutreffende Familien-Pick-up bis hin zum 300 KW starken Luxussportwagen – alle diese Fahrzeuge funktionieren noch heute ausschließlich mit Kraftstoffen auf Erdölbasis.

Mehrere Hundert Millionen Liter solcher Kraftstoffe verbrennen die Fahrzeuge. In welchem Zeitraum? Täglich! Immer sparsamere Motoren und eine zunehmend energiesparende Fahrweise verringern zwar den Verbrennungsvorgang der Motoren. Durch die rapide Zunahme des Fahrzeugbestandes wird diese Ersparnis jedoch mehr als kompensiert.

Die weltweiten Vorräte an Mineralöl sind keineswegs unerschöpflich, sondern gehen früher oder später zur Neige. Doch dies betrifft den einzelnen Menschen nur mittelbar und erscheint als das geringere Umweltproblem.

Es ist eine andere Belastung, die diese Menschen unmittelbar trifft. Die Motoren dieser Fahrzeuge setzen bekanntlich nicht nur Antriebsenergie frei, sondern stoßen gleichzeitig Schadstoffe aus. In welchem Ausmaß dieser Schadstoffausstoß zunehmen wird, lässt sich erahnen, wenn sich die Zahl der weltweit bewegten Fahrzeuge in nicht allzu ferner Zeit auf zwei Milliarden verdoppeln soll.

Keinem Menschen auf diesem Erdball ist er verborgen geblieben. Dieser Stoff, das Blut des Wirtschaftens dieser Welt. Alles hängt von ihm ab. Produkte des täglichen Lebens sind aus Kunststoff und man fertigt Kunststoff aus ebendiesem Stoff. Die Herstellung von Kleidung und Textilien erfolgt auf Basis dieses Stoffs. Die gesamte Landwirtschaft funktioniert mit diesem Stoff.

Der ganz große Durst nach diesem Stoff rührt aber aus dem Drang der Menschen, etwas zu bewegen. Jeglicher Verkehr von

Personen wie Waren zu Wasser, zu Lande und in der Luft beruht heute auf diesem Stoff. Der Durst nach diesem Stoff ist schier grenzenlos.

Händler sehen sich dazu berufen, für Stoff zu sorgen. Der Menschen Nachfrage nach diesem Stoff und ihr Angebot müssen sich die Waage halten und beides wird sich auch die Waage halten, darin liegt ihre Mission. Immer mehr Stoff vorzuhalten, ist eine Herausforderung, die ihresgleichen sucht.

Die Händler sahen sich gezwungen, das Geschäft mit diesem Stoff in Angriff zu nehmen, und zwar in noch nie da gewesenen Dimensionen. Die Entdeckung und Erschließung neuer Quellen war nicht so rasch vorangekommen, als dass sie mit dem Verbrauch Schritt halten konnte.

Und auf einmal schlug das Pendel in die andere Richtung aus. Sie ließen ein Mehrfaches dessen fördern, was sie verkaufen konnten. Was ihnen blieb, war die Erhöhung des Preises. Und sie bescherte ihnen noch größere Gewinnmargen. Dank dieser Gewinne kann noch mehr Stoff gefördert und verarbeitet werden. Solange es nämlich überhaupt noch ein Geschäft mit diesem Stoff gibt, sind sie nicht dessen Opfer, sondern dessen Macher und Nutznießer, ja sie sind die Gewinner. Und dieser Stoff heißt Öl.

Die ganze moderne Welt ist ein Produkt des Öls. Wo sie Öl in großen Mengen verfügbar halten, sprießt das Leben. Das gilt für den Verkehr auf der Straße und die Ökonomie genauso wie für die Politik und für unsere Lobby. Für die Menschheit ist es Öl, für die Politik sind es Steuern und Stimmen. Und für die Händler?

Blaugrünen

Der Schlüssel zur völligen Schadstofffreiheit liegt in zwei Phänomenen: der Existenz des Wasserstoffs und der Erfindung der Brennstoffzelle. Um es kurz zu machen: Kommt Wasserstoff mit

Sauerstoff in Berührung, so »verbrennen« beide Stoffe. Bei dieser Verbrennung entsteht im Wesentlichen nichts anderes als Wasser in Form von Wasserdampf. Es entstehen keine Kohlenwasserstoffe und kein Kohlendioxid, ganz zu schweigen von Rußpartikeln und Benzol.

Bereits im Jahre 1883 (!) fand Professor Schönbein von der Universität Basel heraus, dass Elektrizität freigesetzt werden kann, wenn Wasserstoff mit Sauerstoff reagiert.[20] Die Brennstoffzelle ist prädestiniert für die Umwandlung der im Wasserstoff gespeicherten chemischen Energie. Die Brennstoffzelle ist in der Lage, diese chemische Energie direkt in Strom umzuwandeln. Sie benötigt für die Umwandlung keine Zündquelle. Deswegen spricht man bei dieser Umwandlung von einer »kalten Verbrennung«.

Legt man diese beiden jahrzehntealten Erkenntnisse zugrunde, drängt sich die Frage auf, warum sich diese technische Errungenschaft nicht bereits in Automobilen weltweit durchgesetzt hat. Irgendetwas muss wohl den technischen Fortschritt und seine Durchsetzung bis zum heutigen Tag hemmen, obwohl die Erneuerung der Automobiltechnik für die Gesundheit der Menschen so lebensnotwendig ist.

Welchen Haken hat die Nutzbarmachung von Wasserstoff mittels Brennstoffzelle? Haben sich etwaige Hürden bis heute tatsächlich als unüberwindbar erwiesen? Ist etwa die Verwendung von Wasserstoff zu aufwendig? Der Transport, die Speicherung und die Aufbereitung von Wasserstoff sind so weit entwickelt, dass sie den konventionellen Energiesystemen weder unter ökonomischen noch in Sicherheitsaspekten nachstehen. Wasserstoff kann über weiteste Strecken transportiert werden. Speicher- und Transportsysteme gibt es sowohl für gasförmigen als auch für flüssigen Wasserstoff. Außerdem existieren Projekte über neuartige Containerschiffe für den Überseetransport. Auch diese Systeme entsprechen schon heute den höchsten Sicherheitsstandards.

TeamEnergie wird sich individuell diesen Herausforderungen stellen:

Wer über ein **technisches** Talent verfügt, leistet einen Beitrag entweder zum Fortschritt in der Technologie für eine saubere Herstellung des Rohstoffs Wasserstoff aus Sonne, Wind oder Wasserkraft oder alternativ zu einer flächendeckenden Versorgung des Verbrauchers mit so gewonnenem Wasserstoff.

Wer **kaufmännisch** talentiert ist, findet die Quelle, die alle mit solchem sauber gewonnenen Wasserstoff versorgt, und schafft eine beständige und dauerhafte Verbindung zu den Verbrauchern.

Wer der **Politik** nahesteht, beteiligt sich an der Diskussion mit Vertretern der Lobby und der Regierung und mobilisiert so die Willensbildung für eine Durchsetzung dieser Technik. Die Schaffung eines Tankstellennetzes für die Brennstoffzelle sollte keineswegs allein dem Markt überlassen bleiben. Zur Förderung der notwendigen Infrastruktur braucht die Gesellschaft vielmehr eine ernst zu nehmende und nachhaltige Unterstützung durch die Politik.

Wer über ein **kommunikatives** Talent verfügt, trägt dazu bei, dass auch der letzte gesundheitlich Betroffene von dieser längst möglichen Abkehr vom Schadstoffausstoß erfährt. Ganz automatisch generiert man damit auch deren Akzeptanz von Wasserstoff und Brennstoffzelle.

08. Team Arbeit

»Menschenwürdige Arbeit für alle fördern!« So lautet Auftrag 8. Bürgermeister nehmen diesen Auftrag bereitwillig entgegen und geben ihn weiter an Valerie und deren TeamArbeit zur Ausführung:

- Wir werden ein dauerhaftes, breitenwirksames und nachhaltiges Wirtschaftswachstum fördern.
- Wir werden eintreten für die Vermittlung von Fertigkeiten, die für ein produktives Arbeitsleben und die volle Teilhabe an der Gesellschaft notwendig sind.
- Wir werden menschenwürdige Arbeit für alle Frauen und Männer erreichen und eine sichere Arbeitsumgebung für alle Wanderarbeitnehmerinnen und Wanderarbeitnehmer fördern.
- Wir werden Ausländer belohnen, die bereit sind, etwas zu leisten, sich gut zu integrieren und die sich an die Spielregeln halten. Ausgewiesene Spezialisten anstatt Billiglohnarbeiter: International tätige Firmen müssen die besten Talente in die Region holen können, um im weltweiten Wettbewerb zu bestehen.
- Wir werden uns einsetzen für eine Stärkung der praxisorientierten Berufslehre. Durch die gezielte Förderung des dualen Systems sollen mehr Jugendliche eine praxisorientierte Berufslehre absolvieren. Das duale Berufsbildungssystem ist zu stärken. Das Bildungswesen hat sich an der Praxis der Arbeitswelt auszurichten. Wenn

es mehr Ärzte, Informatiker, Ingenieure und technische Berufsleute braucht, sind diese in der Region auszubilden.

Flankieren

Das bestgehütete Geheimnis eines Zirkus, ein junger Elefant. Sie gaben ihm den Namen »Flunky«. Ihm und keinem anderen Tier war es in die Wiege gelegt, statt auf vier nur auf zwei Beinen zu stehen. Er verstand es schon früh, Männchen zu machen und, das war das ganz Besondere: sich dabei im Walzerschritt zu bewegen. Zur größten Verzückung der Zirkusbesucher. Zugleich zur Rettung des Zirkus, der ohne Flunky um sein Überleben hätte kämpfen müssen.

Flunky beglückte also das Herz des Zirkusdirektors, und was er brauche, sei nichts anderes als Brot und Spiele. Als Brot ließ der Zirkusdirektor Flunky jedes Futter zukommen, das er sich wünschte, und obendrein noch den besten Platz im Stall. An seinem Spiel sollte Flunky noch lange teilhaben. Sollte seine Kraft für dieses Spiel zur Neige gehen, würde auch das Ende von Flunky selbst nahen. Allenfalls noch ein paar Jahre in der Ecke einer Einkaufsstraße, um bei den Passanten um Futter für das Spiel anderer Flunkys zu betteln, danach müsste mit dem Spiel aber Schluss sein. Ein neuer Flunky würde dann an seine Stelle treten, ebenso für Brot und Spiele.

Für Brot und Spiele, nur im Zirkus? Nein, einen Flunky braucht man überall in dieser Welt. Man braucht ihn, genauer: die Kuh im Stall, um nicht Gras von der Weide zu fressen, sondern Industriefutter. Futter, das die Kuh nicht mehr wiederkäuen muss, angereichert um eine Auswahl von Medikamenten. Im Stall, wo Flunky von Maschinen gemolken wird, degeneriert zu einem Roboter, der Milch in Mengen liefert, die das natürliche Fassungsvermögen einer Milchkuh um ein Mehrfaches übersteigt.

Flunkys finden sich auch unter Menschen. Ein Flunky, in der ursprünglichen Bedeutung des Namens, ist ein Lakai, so etwas wie der Diener, der Knecht, früher der Sklave, heute der Tagelöhner. Also ein Mensch, dessen Rechte sich kaum von den Rechten tierischer Flunkys unterscheiden. Er ist eben ein Wesen, das sich das Brot durch seine Tat verdient. Wo Flunkys ihren Job suchen, sind Dompteure zur Stelle. Jeder von diesen Dompteuren braucht ganze Heerscharen von Flunkys, ohne die ihr Geschäft nicht funktionieren könnte. Flunkys werden überall gebraucht: Flunkys sind Bodyguards. Sie tun es allein für ihr Brot und für das Spiel der Dompteure. Flunkys verkaufen Versicherungen, und sie tun es allein für ihr Brot und für das Spiel der Dompteure. Flunkys bauen in der Wüste Fußballstadien, und sie tun es allein für ihr Brot und für das Spiel der Dompteure.

Flunkys fordern Schutzgeld, und sie tun es allein für ihr Brot und für das Spiel der Dompteure. Flunkys plündern Wohnungen, und sie tun es allein für ihr Brot und für das Spiel der Dompteure. Flunkys verkaufen Drogen, und sie tun es allein für ihr Brot und für das Spiel der Dompteure. Flunkys machen Terror, und sie tun es allein für ihr Brot und für das Spiel der Dompteure. Flunkys knacken das Internet, und sie tun es allein für ihr Brot und für das Spiel der Dompteure. Flunkys machen Angst, und sie tun es allein für ihr Brot und für das Spiel der Dompteure.

Ebenso wenig Grenzen gesetzt sind den Menschen, die diese Geister riefen.

Ein Beispiel: Boris Johnson, der ehemalige Bürgermeister Londons, der da rief: »Ding Dong! Socialism's dead!«

Er meinte, daran erinnern zu müssen, »dass Großbritannien ein Land der Unternehmer und Freibeuter war oder sein könnte, denen die Meeresbrise das Haar zerzaust, wo eine Mentalität der stolzen Piraten herrschte, für die es keine Schande war, reich zu sein, sondern genau das Gegenteil.« Er, Johnson, glaube nicht, dass ökonomische Gleichheit möglich ist. Ein Maß an Ungleichheit sei unabdingbar für den Geist des Neides, der wie die Gier ein wertvoller Ansporn sei für ökonomische Aktivität. Er hoffe, dass dieser Geist nicht zurückkommt, dass man im übertragenen Sinne mit Geldscheinen unter der Nase von Obdachlosen wedelt, und er hoffe, dass die Gordon Gekkos von London diesmal nicht nur durch ihre Gier auffallen – obwohl Gier ein wertvoller Ansporn für wirtschaftlichen Fortschritt sein könne –, sondern auch durch das, was sie für den Rest der Bevölkerung tun und was sie ihm geben.[21]

Arbeitsuchen

Allen bekannt ist das Bild von dem Mann auf der Straße. Er trägt auf seinem Bauch ein Schild mit der Aufschrift: »Suche Arbeit jeder Art.« Das Bild stammt aus den ersten Jahren nach Ende des Zweiten Weltkriegs, in denen jeder um sein Überleben und das seiner Angehörigen kämpfte und in denen kein Lohn zu verdienen war, weil es an Arbeit, welcher Art auch immer, mangelte.

Die Not, die es gebietet, Arbeit jeder Art zu suchen und anzunehmen, diese Not gibt es heute nicht mehr, zumindest nicht in der zivilisierten Welt. Und auch wer arbeitslos ist, muss nicht Arbeit jeder Art annehmen. Die Sozialhilfe gewährt ihm auch dann Unterstützung, wenn er sich weigert, Arbeit jeder Art auszuführen. Welch ein Wandel!

Man kann und darf sich die Art der Arbeit vielmehr aussuchen, das heißt, die Entscheidung davon abhängig machen, welche Neigungen, Interessen und Fähigkeiten man gewonnen hat. Niemand wird gegen seinen Willen zu einer Arbeit gezwungen. Man darf heute ohne Sanktionen der Gesellschaft die Suche nach Arbeit jeder Art unterlassen. Man kann sogar das Angebot jedweder Arbeit ablehnen. Gründe für eine solche ablehnende Haltung, die von der Gesellschaft als legitim erachtet werden, gibt es zuhauf.

»Die jüngsten Meldungen über den Einstieg von Ausländern in deutsche Start-ups täuschen darüber hinweg, dass Europas wichtigste Volkswirtschaft noch immer keine Hochburg der Entrepreneure ist. Die Deutschen scheuen das Risiko. Wenn wir zwischen Sicherheit und Risiko sowie den damit verbundenen Chancen wählen sollen, entscheiden wir uns bei der Berufswahl und Geldanlage meistens für Sicherheit. Das ist unsere Komfortzone, außerhalb dieser schlafen wir schlecht. Hinzu kommt, dass Unternehmer in Deutschland wenig Lobby und Ansehen haben. Sie werden häufig in eine Ecke mit »den Reichen« gestellt oder mit Erben verwechselt. Wir reagieren auf Unternehmer eher mit Neid und Missgunst denn mit Stolz und Bewunderung. Wenn Unternehmer scheitern, fühlen wir uns bestätigt, dass ins Risiko zu gehen eher dumm ist als mutig«, schreibt Verena Pausder.[22]

Bildungshungern

Das beginne mit den Schulen. Hier sollten wir Unternehmerkultur lehren und erlebbar machen. Daran fehle es fundamental. Fächer wie Wirtschaftskunde behandeln Fallstudien etwa über Konzerne, klammern aber Mittelständler und Start-ups aus. Dabei wäre es wichtig, dass schon junge Menschen – unabhängig von Bildung und Beruf der Eltern – Unternehmertum überhaupt als Option kennenlernen und als persönliche Chance begreifen: egal ob als Inhaber eines kleinen Gastronomiebetriebs, eines Einzelhandelsladens, eines Handwerksbetriebs oder einer IT-Firma. »Sie alle sind Unternehmer, schaffen Arbeitsplätze und gehen ins Risiko mit der Chance, langfristig auf eigenen Beinen zu stehen«, so Verena Pausder.[23]

Hilfe zur Selbsthilfe, insbesondere in den Bereichen Bildung und Beschäftigung, um sich ein möglichst selbstbestimmtes Leben in der Großstadt aufzubauen. »Sie sollten alles wissen, was sie für ihr Arbeitsleben brauchen würden. Für seine unternehmerischen Bemühungen brauchte er selbst Arbeitskräfte, die von ihrem eigenen Können überzeugt sind. Arbeiteraristokraten nannte er sie und gab ihnen Orientierungspunkte, die sich in einem Dreieck bündeln ließen: Arbeit, Bildung und Wohnen«, so Wilhelm Merton, einer der ersten Schöpfer des modernen Frankfurts. Er, ein Industrieller, wollte Arbeitskräfte, auf die er sich verlassen konnte.

Petra Roth schrieb hierzu: »Zuwanderer wählen ihre Ziele heute zumeist danach aus, ob sich an den angesteuerten Orten Arbeit finden lässt und ob das Bildungsangebot gut ist. Frankfurt am Main genießt mittlerweile überall in der Welt unter Bildungshungrigen einen ganz vorzüglichen Ruf. Anders als in früheren Zeiten.«[24]

09. Team Netz

»**Eine widerstandsfähige Infrastruktur aufbauen!**« So lautet Auftrag 9. Bürgermeister nehmen diesen Auftrag bereitwillig entgegen und geben ihn weiter an Valerie und deren TeamNetz zur Ausführung:

- Wir werden breitenwirksame und nachhaltige Industrialisierung fördern.
- Wir werden eine hochwertige, verlässliche, nachhaltige und widerstandsfähige Infrastruktur schaffen, mit nachhaltigen Verkehrsverbindungen für den Güterverkehr auf dem Schienen-, Straßen- und Luftweg mit Anschluss an globale Märkte.
- Wir werden einen erschwinglichen Zugang zur Informations- und Kommunikationstechnologie, mit zuverlässiger Stromversorgung, guten Telekommunikationsnetzen und mit hoher Sicherheit zum erfolgreichen Datenstandort entwickeln.

Straßenbauen

Beaujolais Primeur wird geerntet, gekeltert und abgefüllt, und wenige Tage später findet er sich schon in den Einkaufsregalen benachbarter Länder. Schottische Schafe werden zur Schlachtung nach Italien oder Griechenland transportiert, Kälber aus Osteuropa in EU-Ländern gemästet, Ferkel aus Deutschland zur Mast nach Belgien geschickt und dann nach Italien in die Region rund um Parma. Nach der Schlachtung lässt man das Fleisch an der Luft trocknen und verkauft den Italo-Schinken in alle Himmelsrichtungen. Tonnen Kartoffeln liefern die Beneluxstaaten nach Italien. Italien verschickt im Gegenzug Tonnen Kartoffeln in den Norden der EU. Norddeutsche Kartoffeln kommen zum Waschen und Schälen nach Italien, machen dann einen Abstecher in die Niederlande und gelangen von dort als Pommes frites in europäische Ladenregale. Tonnen niederländischer Tomaten werden nach Italien geliefert, Italien wiederum liefert Tonnen Tomaten nach Deutschland. Obwohl reinstes Mineralwasser in allen Ländern Europas hergestellt wird, exportiert unser südliches Nachbarland San Pellegrino überallhin. 1.000 Straßenkilometer legen der Kaffee und das Orangensaftkonzentrat aus den Seehäfen zurück. Auf der Straße werden Zwiebeln aus Holland zum Reinigen nach Polen transportiert, Gemüse und Kleider in den Norden und Küken in den Süden.

Der Lkw des Spediteurs ist zum rollenden Lebensmittellager geworden, der, von Konzernzentralen des Einzelhandels gesteuert, »just in time« anliefert. Das macht es lukrativ, Rohware quer durch Europa zu karren, um aus einem Durchschnittsprodukt eine »regionale« Spezialität zu machen. Mit dieser Infrastruktur kann fast jede exotische Frucht an fast jeden Ort geliefert werden, und dies an jedem Tag im Jahr. Diese Entwicklung wird größtenteils dem grenzüberschreitenden Güterverkehr zugeschrieben.

Den Prognosen zufolge würde, wenn keine Trendwende herbeigeführt wird, der Güterverkehr bis 2030 um weitere 100 Prozent zunehmen. Um dieser enormen Zunahme des Güterverkehrs auf der Straße Rechnung zu tragen, wird die Infrastruktur der Straße permanent erweitert. Dies hat zur Folge, dass europaweit an jedem Tag eine Fläche von durchschnittlich 1.000 Quadratmetern dem Straßenbau zum Opfer fällt. Trotz dieses massiven Aufwands im Straßenbau wird das Straßennetz diesen Anforderungen des Güterverkehrs weniger und weniger genügen. Kilometerlange Lkw-Kolonnen an Grenzübergängen und Verkehrsknotenpunkten lassen erahnen, dass früher oder später der Kollaps bevorsteht. Und parallel hierzu scheint die Bahn den Wettbewerb mit der Straße aufzugeben. Ist die Bahn ein sterbender Dinosaurier?

Gleisbauen

Die größte Ost-West-Achse innerhalb Europas stellen Frankreich, die Schweiz und Österreich. Die 800 Kilometer lange Strecke verläuft vom französischen Lyon-Sibelin quer durch die Schweiz nach Bludenz in Österreich sowie nach Hall in Tirol. SBB-Cargo bietet in Zusammenarbeit mit der ÖBB eine Verlängerung der Ostachse mit Anschlussmöglichkeiten von und zu den Ländern Osteuropas. Im österreichischen Villach werden die aus ganz Europa kommenden Waggons zu einem Ganzzug gebündelt und von dort direkt nach Griechenland bzw. in die Türkei gefahren. Die Kooperation zwischen der Rail Cargo Austria und den slowenischen Eisenbahnen ermöglicht Transporte von Österreich und Slowenien nach Bosnien-Herzegowina. Die erste internationale Nord-Süd-Achse ist die Strecke aus Nordeuropa über Köln und Basel. Dort bildet der Eurohub die zentrale Drehscheibe für Transporte in die führenden Wirtschaftsregionen Italiens. Die gleiche Technik wird auch beim »Rhein Shuttle« von Basel zu den Rotterdamer Häfen angewandt. Eine weitere Nord-Süd-Achse erstreckt sich von Deutschland nach Italien. Deutschland, Österreich und Italien teilen sich die 450 Kilometer lange Brenner-Route und haben damit einen bedeutenden Schritt zur Verlagerung des Brenner-Güterverkehrs von der Straße auf die Schiene unternommen. Ist die Bahn eine Alternative zur Straße? Der Versender hat sich in einem neu entwickelten Gewerbegebiet oder Industriepark niedergelassen oder er residiert als mittelständisches Unternehmen in der typischen Infrastruktur einer kleinen Gemeinde auf dem Land. Wo befindet sich bitte der nächste Bahnhof? Die Bahnstrecken von der 20–30 Kilometer entfernten Kleinstadt hin zu dieser kleinen Gemeinde wurden bereits vor zwanzig Jahren stillgelegt. In dieser nächsten Kleinstadt findet sich endlich ein Bahnhof?

Weit gefehlt, dieser Bahnhof dient dem Personennahverkehr. Die Güterabfertigung wurde vor zehn Jahren eingestellt. Die nächste heute noch aufnahmebereite Abfertigungsstelle liegt weitere 20 Kilometer entfernt im Bahnhofsbereich der mittelgroßen Kreisstadt. Seit nunmehr zehn Jahren steht dem Versender für den Transport seiner Güter bis zur nächsten Abfertigungsstelle in der 50 Kilometer entfernten Kreisstadt allein der Spediteur mit seinem Lkw zur Verfügung. Für den Empfänger dieser Güter zeigt sich in aller Regel das gleiche Desaster. Auch er kommt für die Strecke von der Bahnentladung bis zu seiner Adresse ohne Lkw des Spediteurs nicht mehr zurecht.

Der gesamte Markt des Nahverkehrs fiel somit wie von allein in die Hand des Straßenspediteurs. Die Bahn hat sich mit ihren Stilllegungen aus diesem Marktsegment wegrationalisiert. Fairerweise muss man der Bahn zubilligen, dass sie den Wettkampf mit dem Güterverkehr auf der Straße auch ohne Stilllegungen verloren hätte. Der Straßengüterverkehr zeichnet sich gegenüber dem Kunden durch eine Flexibilität und eine Individualität aus, die die Bahn nie hätte aufweisen können. Sie wird sich darauf berufen, dass ihre Stilllegungen nicht die Ursache, sondern die Folge dieser Unterlegenheit gewesen seien.

Sie haben eine Frage, wer hat die Antwort? Seit Jahrtausenden aus dem Munde des Gelehrten, soweit man Zugang zu ihm fand, seit Jahrhunderten niedergeschrieben in Büchern, seit Jahrzehnten verbreitet in Zeitungen, Rundfunk und Fernsehen, und dennoch: Art und Umfang, Niveau und Tiefe von Information und Aufklärung unterlagen immer einer gewissen Begrenzung.

Dies hat sich durch die Informationstechnologie gravierend geändert. Seit einigen Jahren ist ein Medium hinzugetreten, das in seiner Fülle und Vielfältigkeit weit jenseits der Auffassungsgabe eines Menschen liegt. Früher oder später fanden Menschen aller Altersstufen, vom Kleinkind bis zum Hochbetagten, Zugang zu dieser Informationsquelle. Es macht keinen Unterschied, ob sie diese zur Erlangung und Vertiefung von Sachkenntnissen, zu Unterhaltungszwecken oder als Plattform einer neuen Art von Kommunikation nutzen.

Alle profitieren auf ihre eigene Weise vom Internet. Keine Frage war zu tiefgehend, als dass sich aus dieser Quelle keine Antwort fände. Kein Ort der Welt war so entlegen, dass technische Gründe den Zugang zu dieser Quelle vereitelten. Es lag ganz allein an Ihnen persönlich, inwieweit Sie sich dieses Angebot der Gesellschaft zunutze gemacht haben. Keine Eltern, keine Schule, kein Standesdenken, niemand und nichts zwang Sie zu dieser Art der Erkundung. Und doch konnten Sie sich diesem Informationsangebot der Gesellschaft nicht entziehen. Wie viele Hinweise, Warnungen, Ratschläge verhalfen Ihnen zu neuen, bisher ungeahnten Erkenntnissen? Wie oft gelang Ihnen die Durchdringung eines komplexen Sachverhalts nur auf diesem Wege? Wie oft haben Sie sich umstimmen lassen durch ein »audiatur altera pars«, indem sich die jeweils andere Seite – ebenso via Internet – Gehör bei Ihnen verschaffen und dadurch Ihr Verständnis erweitern konnte? So etwas vermochten weder Bücher noch Funk und Fernsehen in diesem Maße zu leisten.

»Wir müssen als Erstes unsere Infrastruktur auf Vordermann bringen. Wer die beste Infrastruktur hat, der überlebt, das ist meine Philosophie. Dazu gehört auch eine verlässliche, bezahlbare Versorgung mit Energie – und die Voraussetzung ist, dass nun endlich die Stromtrassen von Norden nach Süden gebaut werden. Allerdings sind die Auswirkungen auf die Arbeitsplätze nicht so groß, wie man denken könnte. Mit 10 Milliarden Euro wie für die Chipfabriken von Intel in Magdeburg könnte man in anderen Bereichen mehr bewegen. Ich denke wieder an Infrastrukturprojekte oder auch an die Förderung von Geothermie für die Wärmewende – da hätten viele Baufirmen im ganzen Land wesentlich länger etwas davon. Warum kein Sondervermögen wie das für die Bundeswehr für die Sanierung von Straßen und Bahntrassen? Wir warten seit Jahrzehnten auf den Ausbau der Strecke von Basel nach Frankfurt. Vor diesem Hintergrund sind die massiven Zuschüsse in die Chipindustrie für mich fragwürdig«, meint Martin Herrenknecht.[25]

Verkünstlichen

Schwarz auf weiß: Was schwarz auf weiß geschrieben steht, kannst du getrost nach Hause tragen. Der Name der Rose: Früher blieb alles Wissen dem Volk vorenthalten. Wissen war ein Recht der Privilegierten. Heute ist jede Bibliothek zugänglich, für jedermann. Weil niemand sein Wissen abschreiben oder auf Papier kopieren kann, kommt ihm die Technik zu Hilfe: Man nimmt ein Speichermedium und kopiert darauf, was Herzen, genauer die Sinne begehren. Zu Hause entsteht eine virtuelle Bibliothek, und zwar in einem Umfang, die bald das Wissen einer Encyclopedia Britannica in den Schatten stellen wird.

Eine Wissensbank, für jedermann und überall erreichbar und abrufbar, das sollte sich als das Maß aller Dinge erweisen. Was man da in den Straßen munkelt über »Google« und »Wikipedia«, das sollte das Wunder auf Erden sein. Tatsächlich ein Wunder, genauer nur der Traum von einem Wunder? Gerüchte sagen, hier auf dem einsamen Lande schon. Wirklichkeit, die Erfüllung dieses Traums sei dies jedoch in den meisten anderen Teilen dieser Welt. Begnadete Menschen, die über solche Quellen verfügen. Früher half der Blick ins Telefonbuch oder die Auskunft durch die Verbraucherberatung, eine Fotokopie des Materials und dessen Studium zu Hause, wenn auch nicht auf dem Land, so doch im Leben und Treiben einer Stadt. Heute?

Schon die Hälfte aller Menschen weltweit hat heute über das Internet Zugang zu einem globalen Wissensfundus. Von Technologien profitieren – diese Idee verdient Aufmerksamkeit, weil zu ihren angestammten Kräften noch eine weitere, bisher ungeahnte Kraft hinzukommen soll. Digitale Medien und Netze sollen es sein, neue Kommunikationstechniken, die das Land in ein Zeitalter der Informationstechnik hineinkatapultieren werden. Das Land solle zu einem Reallabor für neue Technologien werden. Nichts Geringeres als sogenannte »künstliche Intelligenz« – neben oder anstelle der menschlichen – möge dem Land jene zusätzliche Kraft verleihen, die die Menschen für den besagten Aufbruch in ein neues Zeitalter benötigten. Dafür, so erinnerte António Guterres, sei es erforderlich, den sozialen und wirtschaftlichen Umbruch einzuleiten. Damit das gelingt, müssten viele, ehrgeizigere Anstrengungen unternommen werden.[26]

Die Brücke zu einem solchen Fundus bilden Digitalzentren, physische und virtuelle Knotenpunkte, die digitale Lösungen für nachhaltige Entwicklung vermitteln. Hier sollen einmal unter einem Dach technisches Know-how, IT-Wissen, Forschung und Gründergeist gebündelt werden. Die Digitalzentren sollen Anlaufpunkte für die Experten sein, um zu erfahren, wie Unternehmen kreative Digitallösungen entwickeln und von Beratern vermitteln lassen. Gleichzeitig sollen aus den Digitalzentren heraus Experten dabei unterstützt werden, Strukturen und Kapazitäten für die Entwicklung, Umsetzung und Verbreitung von digitalen Strategien und Lösungen zu etablieren.

Ausleuchten

Auszeit im Café de Flore! Ein Straßencafé im Pariser Viertel Saint-Germain, wo schon Sartre mit seiner Zeitung logierte. Auf meinem Tisch eine Tasse Kaffee und keine Zeitung, sondern mein Tablet. Dank Wi-Fi mein höchst privates Tor zur Welt. Zu meiner Linken eine Gruppe junger Leute, versammelt um einen Tisch gleicher Größe und amüsiert diskutierend über neue Ausstellungen in dieser Stadt. An einem Tisch zu meiner Rechten saßen nebeneinander mit Blick auf die Straße ein Mann und eine Frau. Wahrscheinlich nicht ein Paar. Es erschien mir eher wie eine Begegnung einer Frau mit einem Vertreter aus der Zunft der Agenturen. Partnervermittlung? Nun war es an mir, Genaueres herauszufinden. Mal links, mal rechts zu lauschen. Rein passiv an deren Gesprächen teilzuhaben und ein wenig zu spekulieren über das, was sich hinter den Wortbrocken, die ich verstand, wohl verborgen haben wollte. Ein Erlebnis, das Stunden dahinraffen ließ.

Zur gleichen Zeit, obendrein, ein weiteres Erlebnis, nämlich mein Chat zunächst mit zwei Freundinnen und danach mit einem meiner »Verflossenen«. Menschen, die ich an dem teilhaben lassen wollte, was ich links und rechts meines Tisches zu Gehör bekam. Aber auch an dem, was mir aus meinem eigenen Leben dazu einfiel. Es vergingen Stunden. Aus Kaffee wurde ein Apéro, dann zum Lunch ein Wein, danach wieder Kaffee und am späten Nachmittag wiederum Wein. Der Akku meines Tablets war leer geworden. Hinter meinem Stuhl befand sich eine Steckdose zum Aufladen. Es mussten Stunden gewesen sein, die ich hier verbrachte. Meine Chatpartner hätten vermutlich Bücher schreiben können über das, was wir austauschten, über mich und über die Welt, meine Welt ...

Und nun eben diese Begebenheit aus einer völlig anderen Perspektive. Einer Vogelperspektive? Nicht ganz. Nicht in Paris, sondern etwa in Bukarest sitzt ein junger Mann, sonst Videospieler, jetzt und hier Hacker, im Auftrag einer Firma in Neverland. Der neueste Stand der Technik ermöglicht ihm, alles zu erkennen, was aus dem Wi-Fi des Café de Flore als Chat seinen Weg ins Netz gefunden hat. Das Resultat dieses Hackers, die »Ware« für die dahinterstehende Firma? Ein Mosaik von Informationen über die Person, ihr Umfeld, ihre persönliche Verfassung, ihre Befindlichkeiten, ihre Visionen und Illusionen, ihre Pläne und ihre Unternehmungen und möglichst viele dieser Informationen von den Menschen, die sie im Café de Flore an dem besagten Tag kontaktiert hatte, kurzum und »Angabe gemäß« in Auszügen: IP-Nr. xxx und mit der E-Mail-Adresse valerie.deville@aol.com, hier kurz »VdV«. Alter zwischen dreißig und vierzig Jahre, zurzeit alleinstehend, unklar, ob geschieden oder sonst getrennt lebend, auf Partnersuche bei einer Agentur, sucht Mann über vierzig Jahre alt, ohne Familienanhang, bisher vergeblich. Beruflich ohne Veränderungswünsche, Probleme mit Bankkonto wegen Überziehungen, Vorsorgecheck okay, Wunsch einer Gruppenreise (Mont Blanc) bisher unerfüllt, Clinch mit Vermieterin, Suche nach neuer Wohnung bisher vergeblich. Steuern ohne Probleme. Finanzielle Engpässe. Erwägt Psychotherapie. Wo? Es bedürfte einiger Dutzend Preisausschreiben, jeweils versehen mit möglichst vielen persönlichen Angaben zur Teilnehmerin, um auch nur annähernd solch eine Transparenz über VdV zu gewinnen.

Die »Auswertung« dieser Begebenheit im Café de Flore bietet ein Resultat, das die Ergebnisse aller Preisausschreiben in den

Schatten stellen würde. Aus dieser einen Auswertung lässt sich ein für den Markt sehr valides und profundes Profil über VdV erstellen. Wer ein solches Profil am Markt anbietet, wird sich vor Nachfrage kaum retten können. Was macht diese Auswertung eigentlich so wertvoll? Die Qualität des Materials. Es stammt nicht aus Beobachtungen der VdV durch dritte Personen. Dieses Material stammt von der betroffenen Person höchstpersönlich. Es stammt aus Äußerungen nicht gegenüber einer Bank, einer Behörde oder einem ungebetenen Nachbarn. Das Material stammt vielmehr aus Äußerungen der VdV gegenüber Personen ihres Vertrauens. Informationen, entnommen aus einer Quelle, die dem Wesen nach dem Postgeheimnis unterliegen sollte, die es aber wegen des Fortschritts der IT-Medien nicht oder zumindest nicht mehr in diesem Umfang tut.

Der Fortschritt der Technologie ermöglicht es, mit solchen Datengeheimnissen aus der Privatsphäre auf den Markt zu gehen. Je privater, desto pikanter, desto seltener und desto hochpreisiger zu bewerten. Diese Philosophie des Medienmarktes stützt sich auf einen Umstand, der nichts Geringeres ist als die tragende Säule ihrer Existenz überhaupt. Dieser Umstand lautet »Wahrheit«, unbedingte Wahrheit der betroffenen Person. Wer an dieser Wahrheit spielt, der tut nichts anderes, als eine Flasche Spülmittel in einen Frischwassertank zu kippen. Wenn sich herumspricht, dass das Material der Auswertungen von Fakes und Nonsens durchsetzt ist, dann ist dem ganzen Aufwand der Ausspähung von Privatdaten der Boden entzogen. Das Ende dieser verhängnisvollen Entwicklung naht: Die Ergebnisse ihrer Auswertungen werden auf dem Markt der Profilersteller das Papier nicht wert sein, auf dem sie geschrieben stehen. Aber so etwas hat sich bisher wohl noch nicht herumgesprochen? Ein Schelm, wer Schlechtes dabei denkt.

10. Team Markt

»Ungleichheit in und zwischen Ländern verringern!« So lautet Auftrag 10. Bürgermeister nehmen diesen Auftrag bereitwillig entgegen und geben ihn weiter an Valerie und deren TeamMarkt zur Ausführung:

- Wir werden Menschen unabhängig von Ethnizität, Herkunft, Religion oder wirtschaftlichem Status zur Selbstbestimmung befähigen und ihre soziale, wirtschaftliche und politische Inklusion fördern.
- Wir werden eine geordnete, sichere, reguläre und verantwortungsvolle Migration und Mobilität von Menschen erleichtern.
- Wir werden uns einsetzen für eine Mobilisierung ausländischer Direktinvestitionen für Regionen, um die wissenschaftlichen, technologischen und Innovationskapazitäten zu stärken, damit wieder vermehrt auf Eigenverantwortung gesetzt wird.

Monalisen

Ist der Handel noch so klein, bringt er mehr als Arbeit ein. Sand am Meer zu handeln, bringt weniger ein als ein Handel mit Wasser in der Wüste. Wer über etwas verfügt, was andere entbehren müssen, wird erfolgreicher handeln als derjenige, der solche Ware mit anderen teilen muss. Unique Selling Point, »USP«, der

Handel mit Einzigartigem, darin liegt der Erfolg des Geschäfts, jedes Geschäfts.

Der Stoff des 19. Jahrhunderts, Edelmetall, lässt sich umso erfolgreicher handeln, je weniger Menschen darüber verfügen. Für den Stoff des 20. Jahrhunderts, die Energie, gilt dies nicht weniger. Wer über Rohstoffe verfügt, aus denen Energie gewonnen wird, dem gebührt der Geschäftserfolg, je mehr, je einzigartiger seine Quellen sind. Wer nach guten Geschäften trachtet, sucht immer Wege, ebendiesen Rohstoff mit möglichst wenigen Wettbewerbern teilen zu müssen.

Demselben Muster folgen die Rohstoffe des 21. Jahrhunderts, die digitalen Daten. Jedes noch so kleine Paket von Daten will auf dem Markt erworben sein, und jedes einzelne Paket wird seinen Preis finden und auch erzielen lassen. Einen Preis, den jeder Erwerber wird zahlen müssen, und zwar an diejenige, die liefern kann, worüber sie zuvor selbst verfügt hat.

Greenkarten

Auf der Zielgeraden eines Unternehmens, seine Ziellinie des Start-ups unmittelbar vor Augen, es hält inne, obwohl der Geschäftserfolg weit mehr als ein Silberstreif am Horizont erscheint. Wäre da nur nicht diese eine Hürde. Eine nicht, genauer, noch nicht erfüllte Voraussetzung zum Start-up, die personellen Ressourcen, die Arbeitsplätze, noch offene Stellen, auf die Bewerbungsschreiben aus der ländlichen Bevölkerung so kläglich und lange schon auf sich warten ließen.

Im Gegenteil, diese ländliche Bevölkerung scheint gegenwärtig gerade nicht für solche Tätigkeiten zur Verfügung zu stehen, genauer, zur Verfügung stehen zu wollen, aus welchen Gründen auch immer. In dieser ländlichen Bevölkerung erfährt man ehrliches Bedauern darüber, dass sich unter ihr niemand für solche angebotenen Jobs finden ließ. Schon gar nicht hätte irgendjemand unter ihnen etwas dagegen einzuwenden, wenn solche vakanten Stellen mit Personen besetzt würden, die aus dem Ausland, sei es noch so weit entfernt, stammen. Auch die Verwaltung von Arbeit, Arbeitsämter genannt, in den umliegenden Großstädten, hätte nichts dagegen einzuwenden, dass sich dieses Start-up-Unternehmen auf diesem Wege das dringend erforderliche Personal beschafft. So viel zur Theorie.

Die Praxis, der Alltag der Ausländerfreundlichkeit im ländlichen Raum, dieses bis in die entlegensten Regionen des fernen Auslands bekannt gewordene Schreckgespenst aus diesem fernen Wirtschaftsstandort, diese Praxis sieht gänzlich anders aus. Die Verantwortlichen für Personal in diesem Start-up-Unternehmen mühen sich nach allen Regeln ihrer professionellen Kunst, diesem Image entgegenzuwirken. Man müsse eine Chancengleichheit gewährleisten durch die Abschaffung diskriminierender Gesetze, Politiken und Praktiken. Menschen, unabhängig von Ethnizität, Herkunft, Religion oder wirtschaftlichem Status, müsse man zu Selbstbestimmung befähigen und ihre soziale, wirtschaftliche und politische Inklusion fördern. Man sähe eine Welt vor sich und vor ihnen, in der ethnische Zugehörigkeit und kulturelle Vielfalt geachtet werde und in der Chancengleichheit herrsche. Es gelte daher, eine geordnete, sichere, reguläre und verantwortungsvolle Migration und Mobilität solcher Menschen zu erleichtern.

Man biete eine neue Heimat für Zuwandernde. Wer in die Region kommt und sich anpasst, fände in der Region eine Heimat. Zur Region gehöre aber auch die Religions- und Glaubensfreiheit, solange diese nicht im Widerspruch stünde zu den regionalen Werten, die dieses Staatsverständnis und seine Rechtsordnung prägten. Jeder, der in der Region lebt oder leben will, habe diese gewachsene Kultur zu respektieren. Man lade sie nicht ein, sich als »Flüchtling« auszugeben, und schaffe keine Ungerechtigkeiten gegenüber all jenen, die sich an die Einwanderungsgesetze halten. Wer in die Region komme, solle für sich selbst sorgen können, sich integrieren und sich an die hiesige Rechtsordnung halten.

Die Zuwanderung solle auch der ländlichen Region einen Nutzen bringen. Ziel müsse es auch sein, die Einwanderung strikt nach den wirtschaftlichen Bedürfnissen, im Interesse der Sicherheit und nach den verfügbaren Ressourcen der Region auszurichten. Klare Einschränkungen beim Familiennachzug und bei den Sozialleistungen sollten dafür sorgen, dass keine Ausländer in die Region einwandern, die nicht für sich selbst aufkommen und nur vom Staat leben wollen. Beim Familiennachzug müsse dafür gesorgt werden, dass nur jene Personen ihre Familien nachziehen dürfen, die auch für diese aufkommen können und über eine entsprechend große, selbst finanzierte Wohnung verfügen. Mit einer solchen Senkung der Ansprüche an den Staat könne die Zuwanderung stark eingeschränkt werden, ohne dass der Wirtschaft wichtige Fachkräfte entzogen werden.

Integration sei Aufgabe der Zuwanderer. Wer in ein Land einwandern wolle, müsse sich vorher bewusst sein, was dies bedeutet. Es gelte, die lokale Sprache zu erlernen und sich mit den Sitten und Bräuchen vertraut zu machen. Nur wenn der Wille zur Integration von den Zuwanderern ausgehe, könne sie erfolgreich sein. Das Start-up wird wohl der zweite Gewinner bei der Rekrutierung von Personal bleiben, während Unternehmen beispielsweise in Kanada ohne viel eigenes Zutun die erste Wahl haben werden.

Punkten

Georg Schwarte über Kanadas Immigrationssystem:
Das kanadische Punktesystem teilt einwanderungswillige Be-

werber nach Sprachqualifikation, Berufserfahrung, Ausbildung und Alter ein. Auch wer viele Punkte hat, muss oft ganz von vorn anfangen: Kamo hatte mehr, und doch musste er hier in Kanada ganz unten anfangen. »Ich habe wirklich Jobs gemacht, um zu überleben, habe Abendkurse an der Uni belegt, Praktika gemacht für meine Bewerbungsmappe und dann haben kanadische Arbeitgeber mich wahrgenommen. Du fängst eben ganz von vorn an«, sagt er. Heute, zwei Jahre später, arbeitet Kamo als Manager bei einer internationalen Handelsgesellschaft. Seine Frau Mary, auch aus Armenien, sprach kaum Englisch, als sie einreiste. »Als wir ankamen, hat sie sich nicht beworben, sondern hat beschlossen, sie besucht eine kostenlose Sprachschule für Einwanderer, um ihr Englisch zu verbessern.« Sechs Monate später hatte sie in den Kursen für Einwanderer nicht nur Englisch gelernt, sondern auch wie man sich in Kanada erfolgreich bewirbt.

»Wenn man das Punktesystem herunterbricht, geht's im Kern um die Fähigkeit der Bewerber, sich zu integrieren, nachzuweisen, dass sie Fähigkeiten eines guten Mittelklassebürgers haben. Sprache, Berufserfahrung. Passen sie in die Gesellschaft. Darum ging es lange Zeit.«

Professor Phil Triadafilopoulos, der Einwanderungsexperte, sagt, Kanadier sind nicht per se gute Menschen, nur weil sie Einwanderer ins Land lassen. Einwanderung sei in Kanada im Gegenteil alles andere als Gutmenschentum oder uneigennützig: »Das System war immer eigennützig. Kanada holt Menschen ins Land, weil wir glauben, sie helfen, eine erfolgreiche Gesellschaft und vor allem Wirtschaft zu bilden.«

Einwanderung, sie gehört zur DNA eines Landes, das 1962 per Erlass die Qualifikation des Bewerbers, nicht mehr dessen Hautfarbe, Nationalität oder Abstammung in den Vordergrund stellte. Nicht aber aus moralischen, aus wirtschaftlichen Erwägungen. Mit anderen Worten, im Land geborene Kanadier wären schon jetzt nicht mehr in der Lage, durch Wachstum entstandene Jobs zu besetzen.«

Express Entry, die neueste Idee: Wer jung und hoch qualifiziert ist und außerdem nachweisen kann, ein konkretes Jobangebot eines kanadischen Arbeitgebers zu haben, zieht an allen Bewerbern vorbei. »Sie müssen immer noch Teile des Punktesystems erfüllen, aber jetzt haben Arbeitgeber mehr Mitsprache. Die Hoffnung ist wohl, dass das unmittelbare Zusammenspiel von Arbeitsmarkt und Einwanderung der Wirtschaft insgesamt hilft«, berichtet Georg Schwarte.[27]

11. Team Siedlung

»Städte und Siedlungen inklusiv, sicher, widerstandsfähig und nachhaltig gestalten!« So lautet Auftrag 11. Bürgermeister nehmen diesen Auftrag bereitwillig entgegen und geben ihn weiter an Valerie und deren TeamSiedlung zur Ausführung:

- Wir werden mit lokalen Behörden und Gemeinwesen bei der Erneuerung und Planung der Siedlungen zusammenarbeiten, um den Zusammenhalt der Gemeinwesen und die persönliche Sicherheit zu fördern, um Innovation und Beschäftigung zu stärken und als dynamische Zentren für Innovationen und Unternehmertum zu dienen.
- Wir werden weniger Bürokratie im Planungs- und Baurecht haben. Technische Hilfe beim Bau nachhaltiger und widerstandsfähiger Gebäude unter Nutzung einheimischer Materialien, um den Zusammenhalt der Gemeinwesen und die persönliche Sicherheit zu fördern und Innovation und Beschäftigung anzuregen.
- Wir werden für die Bewohner auf dem Land öffentlichen Personennahverkehr fördern, damit diese täglich vom Land in die Stadt zur Arbeit pendeln können. Parkplätze und flüssiger Verkehr sind im Grunde soziale Anliegen. Denn Autos verbinden Menschen und Arbeitsplätze.
- Wir werden die von Städten ausgehende Umweltbelastung pro Kopf senken, Abfallreduzierung und -wiederverwertung und die effizientere Nutzung von

Wasser und Energie fördern. Durch solide Stadtplanung und -verwaltung können die städtischen Räume der Welt jedoch inklusiv, sicher, widerstandsfähig und nachhaltig werden und als dynamische Zentren für Innovationen und Unternehmertum dienen.

Hofhalten

»Was wird aus unseren Städten, wenn wir dort nicht mehr einkaufen?« Auf diese Entwicklung dürfe man nicht nur mit Gestaltung reagieren. »Ein Platz kann noch so schön sein. Wenn die Nutzung dahinter nicht stimmt, funktioniert er nicht.« Stadtbaukunst solle aufzeigen, wie Höfe, Straßen und Plätze so gestaltet werden können, dass man sich dort gern aufhält. »Gut gelungen ist ein Platz, zu dem alle Zugang haben. Wenn ein Platz nicht nur schön, sondern auch funktional sei, dann sei die Gestaltung auch sozial.« Dazu trage ebenso eine öffentliche Nutzung in den umliegenden Gebäuden bei. Mit seiner Forderung nach einer »Ästhetik des Gebrauchs« vermittelt Christoph Mäckler grundlegendes Wissen über Stadträume, Hofräume, Platzräume und Straßenräume. »Die Hofform ist eine soziale Errungenschaft, die man erfinden müsste, wenn es sie nicht schon gäbe.«[28]

Pendeln

Verbindungen zwischen städtischen und ländlichen Gebieten unterstützen, damit die Bewohner auf dem Land täglich in die Stadt zur Arbeit pendeln können. Autos verbinden Menschen und Arbeitsplätze. Parkplätze und flüssiger Verkehr sind im Grunde soziale Anliegen. Gerade für ältere Menschen ist es unabdingbar, dass zum Beispiel vor einem Lebensmittelladen Parkplätze vorhanden sind. Die Rolle von Infrastruktur und Technologie kann dabei nicht genug betont werden. Denn mit der Elektromobilität und selbstfahrenden Fahrzeugen dürfte die Straße künftig noch zunehmend an Bedeutung gewinnen. Es gilt einzig das Kriterium der Wirtschaftlichkeit, der Dringlichkeit und der Nachfrage der Verkehrsbenutzer.

Zermatten

Thomas Bernhard, Zermatt autofrei: »Seit Jahren wirbt Zermatt Tourismus mit dem autofreien Dorf. Die Topdestination bedient in Spitzenzeiten täglich bis zu 35.000 Gäste – und dies ohne das vermeintlich unentbehrliche Auto. Bereits dem damaligen Bahnausbau ging ein Ringen voraus, ob das 25 Kilometer lange Mattertal parallel zur Bahn noch mit einer konkurrierenden Strasse erschlossen werden sollte. Der gefundene Kompromiss lautete dann: Durchgängige Talstrasse grundsätzlich ja, jedoch mit starken Nutzungsbeschränkungen, dies bei ganzjährigem Bahnbetrieb. So wurde Zermatt schon kurz nach dem Aufkommen des Automobils faktisch für autofrei erklärt. André König spricht lieber davon, dass Zermatt den motorisierten Individualverkehr (MIV) nicht kennt. Wer antriebsunterstützt unterwegs sei, tue dies als bewilligter Transport. Es gibt also kein ‚Grundrecht auf MIV‘ und der Grossteil der individuellen Mobilität wird bis heute zu Fuss oder mit dem Fahrrad abgewickelt. Weil ‚autofrei‘, entdeckte Zermatt früh den Wert des Ortsbildes und anderer Aufenthaltsqualitäten. Der ‚fehlende MIV‘ hat zudem über Jahrzehnte die kompakte Siedlungserweiterung und den Erhalt gewisser Freiflächen begünstigt. Das Dorf wurde so gebaut, dass das meiste bis heute fussläufig in 20 Minuten errcichbar ist. Fussgänger, Velofahrer und E-Fahrzeuge finden ausreichend Raum für ein angenehmes Nebeneinander. MIV-frei zu sein dürfte auch stark

zum Wirtschaftserfolg beitragen. Zum einen ist ‚Zermatt autofrei' bis heute eine touristische Attraktion. Zum anderen verhilft
der radikale Verkehrsgrundsatz dem Ort immer wieder dazu, den
knappen Raum nicht in grossem Mass für verkehrliche Zwecke
(Strassen, Parkplätze) zu verwenden, sondern ihn für höhere
Wertschöpfungsformen wie Wohnen, Gewerbe oder öffentliche
Infrastrukturen vorzubehalten. ‚MIV-frei' zu sein ist also kein
statischer Zustand, sondern muss ortsplanerisch immer wieder
neu interpretiert werden. Der Spezialfall Zermatt lässt sich nicht
einfach anderswohin übertragen. Er liefert aber inspirierendes
Anschauungsmaterial zugunsten einer möglichst hohen Orts-
verträglichkeit bei der Deckung unserer Mobilitätsbedürfnisse.«[29]

Smarthalten

»Smart City« sei die Verknüpfung aus Stadtentwicklung und
Digitalisierung, sagt urban-digital, und setze Impulse in vier Bereichen:
    Smart Waste Management: Abfallbehälter, ausgestattet mit Sen-
soren, senden Füllstand an Zentrale, sodass die Müllabfuhr nur
die vollen Abfallbehälter anfährt, dadurch Routenoptimierung.
    Smart Mobility: Straßenbeleuchtung in voller Lichtstärke nur
wenn Menschen, Fahrzeuge in der Nähe sind, Beispiel: Kopen-
hagener Reallabor für intelligente Straßenbeleuchtung.
    Smart Parking: informiert über freie Parkplätze im Stadtgebiet
und ermöglicht minutengenaue Parkzeitabrechnung, Beispiel:
Initiative für digitale Parkraumbewirtschaftung, optimierte Ver-
kehrsführung durch Kommunikation der Fahrzeuge mit Licht-
signalanlagen, Ziel: weniger Stau.
    Smart Energy: Smart Grids – digitale Vernetzung von Energie-
erzeuger, -verbraucher, -messer etc. Ziel ist die ressourcen-
schonende Organisation des Wasser-, Gas-, Wärme- und Strom-

verbrauchs sowie eine leichtere Integration (lokaler) erneuerbarer Energien. Trendwende von zentraler Energieversorgung zur dezentralen Energieversorgung erfordert agile Steuerung der Netzbestandteile (möglich durch digitale Vernetzung).

Grundlage für alle Formen einer Smart City sei die großflächige Erfassung von Daten, was wiederum substanzielle Fragen aufwerfe: »Wie viel Überwachung akzeptiert die Stadtgesellschaft für die Ziele einer Smart City? Wem gehören die produzierten Daten? Wie wird mit Manipulation und Fehleranfälligkeit umgegangen?« Engagierte Stadtbewohner/innen könnten sich über digitale Plattformen besser organisieren, Hochschulen könnten ihre Erkenntnisse über das Internet einfacher mit der Gesellschaft teilen, die Stadtverwaltung könnte Bürgerangelegenheiten durch Online-Betreuung schneller abwickeln u. v. m. Um diese Bestrebungen zu fördern und ggf. zu verknüpfen, böte sich eine übergreifende digitale Strategie an. Die Kommunalpolitik bzw. -verwaltung könnte hierfür eine koordinierende Rolle einnehmen.[30]

12. Team Produkt

»Nachhaltige Konsum- und Produktionsmuster sicherstellen!«
So lautet Auftrag 12. Bürgermeister nehmen diesen Auftrag
bereitwillig entgegen und geben ihn weiter an Valerie und deren
TeamProdukt zur Ausführung:

- Wir werden Abfallaufkommen durch Vermeidung, Ver-
  minderung, Wiederverwertung und Wiederverwendung
  deutlich verringern, durch effizienten Ressourceneinsatz
  und unter vermehrter Nutzung sauberer und umwelt-
  verträglicher Technologien und Industrieprozesse.

Regulieren

Nicht staatliche Akteure wie auch jeder Einzelne müssen zur Veränderung nicht nachhaltiger Konsum- und Produktionsmuster
beitragen, unter anderem durch die Mobilisierung finanzieller
und technischer Hilfe aus allen Quellen, um nachhaltige Kon-
sum- und Produktionsmuster beizutragen. Sie wird ein inten-
sives globales Engagement zur Unterstützung der Umsetzung
aller Aufträge und Auftragsvorgaben erleichtern, indem sie den
Privatsektor und andere Akteure zusammenbringt und alle verfügbaren Ressourcen mobilisiert. Technologieförderung wird auf
der Zusammenarbeit einer Vielzahl von Akteuren gründen – der
Zivilgesellschaft, des Privatsektors, der Wissenschaft.
Vertical Farming Start-up erzeugt hochwertige Lebensmittel

nach strengen Nachhaltigkeitskriterien, aktuell vor allem frische Kräuter. Die vertikalen Farmen, die unabhängig von lokalen Bedingungen weltweit eingesetzt werden können, basieren auf dem Prinzip der Kreislaufwirtschaft. Abfall, Abwasser und Abwärme gelten dabei als wertvolle Ressourcen, die wiederverwendet oder alternativ genutzt werden.

Ihm fehle der unternehmerische Geist hinter neuen Regeln. In der Zielsetzung einer ökologisch sozialen Transformation liege die EU richtig, aber die Umsetzung beruhe auf zu vielen Detailvorgaben, sagte Roland Koch. »Wir haben die Welt der Experimente zerstört. Unternehmer müssen ihre Absicht erklären, Bürokraten entscheiden. Es gibt jeden Tag mehr Regulierungen. Wir müssen umkehren.«[31]

Abreiben

Reifen sind die Schnittstelle zwischen Fahrzeug und Straße.

Wird zu heftig beschleunigt, etwa beim »Kavaliersstart«, zeichnen sich schwarze Spuren auf der Fahrbahn ab – das Gleiche passiert auch bei einer Vollbremsung, wobei das Antiblockiersystem (ABS) dies bestmöglich zu verhindern versucht. Aber nicht nur bei diesen extremen Manövern wird Reifenabrieb erzeugt, sondern auch während jeder »normalen« Fahrt; selbst bei gleichbleibender Geschwindigkeit reiben sich die Reifen an der Fahrbahn ab, dabei wird Reifenmaterial in die Umwelt freigesetzt. Reifenabrieb liegt in der Umwelt in der Form von Partikeln vor, die meistens kleiner als ein paar Millimeter sind und die aus einer Mischung von Reifenmaterial und Straßenabrieb bestehen. Der Gummianteil des Reifenabriebs wird als Mikroplastik betrachtet, also Kunststoffpartikel, die kleiner als fünf Millimeter sind. Für die Schweiz macht der Reifenabrieb einen geschätzten Anteil von 90 Prozent des an die Umwelt abgegebenen Mikroplastiks aus. Geschätzte 16 bis 39 Prozent des Reifenabriebs gelangen in Gewässer und 36 bis 57 Prozent in den Straßenrand und in Böden. Je nach Gummimischung der Reifen sind die Partikel mehr oder weniger toxisch. Vor allem Zusatzstoffe wie Ozonschutzmittel haben sich besonders für Wasserlebewesen als schädlich erwiesen. Ist der Reifenabrieb erst einmal erzeugt, sollte er durch die Straßenentwässerung besser zurückgehalten werden. Aber nicht nur die Menge des Reifenabriebs ist zu reduzieren, damit weniger Umweltbelastung entsteht, sondern auch dessen Toxizität.

Bei Hochleistungsstraßen werden Maßnahmen am Entwässerungssystem (z. B. der Ersatz von Direkteinleitung oder Ölabscheidern mit SABAs gemäß dem Stand der Technik oder der Versickerung in der Straßenschulter) im Rahmen der Unterhaltsplanung der Nationalstraßen bereits umgesetzt. Die Sanierung der Straßenentwässerung ist innerorts allerdings schwieriger umzusetzen als außerorts, da dort in der Regel die hierfür nötigen Flächen fehlen. In den nächsten fünf Jahren ist mit einem Testverfahren wie auch mit Grenzwerten auf Stufe EU zu rechnen. Ein standardisiertes Messverfahren sollte der Problematik von Reifenabrieb bei der Entwicklung von Reifen mehr Gewicht verleihen, meint Remigius Nideröst.[32]

Wertschöpfen

Die Jungen zieht es zurück zu ihren Wurzeln, denn sie sehen dort ihre Chance, noch einmal bei null anzufangen. Auf zu neuen Ufern, um ihr neues Glück zu versuchen! In die Heimat, warum nicht? Den Ort ihrer Herkunft wieder auf die Beine zu stellen. Nichts anderes wird es wohl sein, was vor allem junge Menschen antreibt.

Eigenständig, im wahrsten Sinne des Wortes, wollen und werden sie neue Werte schaffen. Wenn schon nicht aus selbst gewonnenen Rohstoffen, so doch zumindest aus ihrem Wissen darüber, genauer, aus neu gewonnenen Fertigkeiten einer Wertschöpfung. Getreu nach dem Motto: »Bienen kaufen keinen Honig.« Diesem Motto folgend werden die Jungen vorhandene Rohstoffe nur noch verarbeitet exportieren oder umgekehrt Maschinen und Waren nur noch zur eigenen Endfertigung importieren.

Dieser Plan mag verwegen klingen, für heutige europäische Verhältnisse zumindest. Um einen solchen Plan Wirklichkeit werden zu lassen, bräuchte es jede Menge Know-how, Blaupausen, Rat und Routine. Solches Wissen will erworben, ja erobert sein. Es wird sich in Zukunft als unstehlbar erweisen, in welchen rückständigen Verhältnissen sich diese Jungen auf dem Lande auch immer wiederfinden. Bienen kaufen keinen Honig, und Menschen suchen Wege, solche Verarbeitungen selbst in die Hand zu nehmen, ohne auf Subventionen zu warten.

Ein eingesessenes Unternehmen ermögliche den Austausch von Fachwissen, nicht nur in der Produktion, sondern auch bei den ersten Schritten eines neu gegründeten Unternehmens im Bereich Vernetzung und Vermarktung. Eigenständig, im wahrsten Sinne des Wortes, mit eigenen Kräften wie Bienen mit ihrem Honig.

Müssen sie dazu das Rad neu erfinden oder können sie sich das Wissen und die Fertigkeiten für die Endfertigung auf anderen Wegen beschaffen? Auf Wegen, wie sie etwa die etablierten Partner in Großstädten anbieten? Ein Versuch wird es wert sein, auch mehrere Versuche, unermüdlich wie eben Bienen mit »ihrem« Honig. Keine Frage, das Land mag so ein gutes Stück vorankommen. Aber, so die Bedenken, müsste nicht noch viel mehr getan werden? Mehr Bürgerbeteiligung etwa, wenn es auch auf dem Lande gelingen soll, den positiven Wachstumspfad weiterzugehen? Diese Bürgerbeteiligung sollte von einer transparenteren Regierungsführung begleitet sein.

Verdienen

Gefordert ist die ehrbare Kaufmannschaft. Gegen ihre Moral verstößt, wer einseitig Gewinn aus einem Geschäft zu ziehen trachtet. Seit der Antike wissen Kaufleute: Ein Geschäft ist nur dann von Bestand, wenn beide Seiten ihren Vorteil daraus ziehen. Gewinn ziehen wir nur aus Geschäften, die wir in Gang halten. In Gang bleibt ein Geschäft, wenn auch der Partner einen Vorteil daraus zieht. Nicht vom Wohlwollen eines Bauern erwarten wir, was wir zum Essen brauchen, sondern davon, dass er sich einen eigenen Vorteil daraus verschafft. Wie verschaffen sich Kaufleute einen Vorteil? Ein guter Dienst verdient Dankbarkeit. Der größte Dank entspringt nicht dem Wort, sondern Barem. Nur Bares ist Wahres. Kein Ort auf dieser Welt, wo dies nicht zutrifft: Tipp, Douceur, Trinkgeld, allesamt Zuzahlungen für Dienste, weltweit! Wen verwundert, dass man mit einem Tipp Höflichkeit und Dienstbereitschaft gewinnt und Höflichkeit und Dienstbereitschaft wiederum Tipp verdient? Tipps gibt man auch aus gegenseitiger Sympathie. Tipp stärkt die Verbundenheit mit dem Dienstleister. Gegenseitiges Wohlbefinden macht man sich damit zu seiner eigenen Angelegenheit. Ist es guter Wille oder auch nur menschliche Schwäche, vielleicht auch das Streben nach Anerkennung und Respekt? Der Vorteil findet immer seine offene und dankbare Hand, im Geben wie im Nehmen. Und was für den Gast und seinen Kellner, Taxifahrer und Portier in der ganzen Welt üblich ist, muss auch Anerkennung finden für deine Lieferanten, wenn sie dich zuvorkommend behandeln, für deine Informanten, wenn sie dir Transparenz verschaffen, für deine Sympathisanten, wenn sie den Schulterschluss mit dir üben, für deine Kontrahenten, wenn sie auch deine Interessen im Auge behalten, für deine Mentoren, wenn sie dich ziehen und nicht nur schieben, für deine Coaches, wenn sie dich deine Fehler erkennen lassen, für deine Sherpas, wenn sie deinen Weg frei machen in der Lobbyszene, und für alle deine anderen Mitmenschen, wenn sie ihre Hilfe angeboten und dir einen guten Dienst erwiesen haben. Seinen persönlichen Vorteil trachtet jeder kluge Marktteilnehmer zu erfüllen. Durch die beiderseitige Vorteilverschaffung zieht jeder seinen Gewinn aus diesem Geschäft.

Vollfühlen

Der Tabakindustrie wurde das Leben schwer gemacht. Kein Verkauf ohne schrille Warnhinweise und ein Verbot jeglicher Werbung drohten ihr den Garaus zu machen. Die Zuckerbarone überall auf der Welt fürchteten ein ähnliches Schicksal. Niemand Geringeres als die WHO, die Weltgesundheitsorganisation, will den täglichen Konsum von Zucker eines jeden Menschen beschränken und so die Vermarktung dieses Nahrungsmittels in die Schranken weisen. Falsch, sagten die Zuckerbarone, denn die Verbraucher müssten sich eben im Alltag stärker sportlich betätigen und könnten auf diese Weise ihren aufgenommenen Zucker verbrennen. Dieser Hinweis mochte einleuchten, aber die wenigsten hielten sich daran. Echte Schranken für einen Zuckerkonsum fanden sich an anderer Stelle, nämlich beim Völlegefühl, das einen Verbraucher befällt, wenn er eine bestimmte Menge Zucker verzehrt hat. Dieses Völlegefühl wirkt unendlich stärker als jede gesundheitliche Vorgabe. In diesem Völlegefühl sahen die Zuckerbarone ihre eigentliche Herausforderung für die Vermarktung ihres Stoffes. Sie suchten einen Weg, dieses Völlegefühl zu überlisten, und sie fanden ihn. Der Zucker muss so »verabreicht« werden, dass der Mensch kein Völlegefühl mehr verspürt. Mehr noch: Der Mensch soll beim Essen und Trinken von Zucker noch nicht einmal dann aufhören, wenn er keinen Hunger und keinen Durst mehr verspürt. Was muss der Zucker an sich haben, um auch nach dem Sattwerden weiter und immer weiter konsumiert zu werden?

13. Team Klima

»Umgehend Maßnahmen zur Bekämpfung des Klimawandels und seiner Auswirkungen ergreifen!« So lautet Auftrag 13. Bürgermeister nehmen diesen Auftrag bereitwillig entgegen und geben ihn weiter an Valerie und deren TeamKlima zur Ausführung:

- Wir werden die Widerstandskraft und die Anpassungsfähigkeit gegenüber klimabedingten Gefahren stärken.
- Wir werden Mechanismen zum Ausbau effektiver Planungs- und Managementkapazitäten fördern.

Messen

»So wie Armut, Ungleichheit, Klimawandel und andere globale Herausforderungen miteinander verknüpft sind, so sind es auch die Lösungen«, erklärte Liu Zhenmin, Untergeneralsekretär der Vereinten Nationen für wirtschaftliche und soziale Angelegenheiten. »Eine Analyse der Zusammenhänge zwischen den Zielen zeigt vielversprechende Möglichkeiten für raschere Fortschritte auf. Der vorliegende Bericht unterstreicht auch, wie wichtig es für die vollständige Umsetzung der Agenda 2030 ist, in Datenqualität zu investieren. Für mehr als die Hälfte der globalen Indikatoren werden in den meisten Ländern nicht regelmäßig Daten erhoben. Weil über viele marginalisierte Gruppen und Personen keine präzisen und aktuellen Daten vorliegen, sind diese unsichtbar und daher umso verwundbarer. Zwar wurden in den letzten vier Jahren erhebliche Anstrengungen unternommen, diese Lücken zu schließen, jedoch nicht sehr erfolgreich. Es sind dringend vermehrte Investitionen erforderlich, um ausreichende Daten für eine fundierte Entscheidungsfindung zu allen Aspekten der Agenda 2030 zu gewinnen.«[33]

Aufklären

Aufklärung und Sensibilisierung sowie die personellen und institutionellen Kapazitäten im Bereich der Abschwächung des Klimawandels sowie der Frühwarnung. Verlässliche Wettervorhersagen seien für die afrikanische Agrarwirtschaft aufgrund des Fehlens der IT-Infrastruktur sehr schwer zu treffen. Kleinen landwirtschaftlichen Betrieben fehlten nicht nur Internetzugang und die geeignete Hardware, sondern die vorhandenen Daten seien oft auch unzuverlässig oder schwer zu verarbeiten. Würden landwirtschaftlichen Start-ups hochauflösende Wetterdaten zur Verfügung gestellt, lieferten sie Kleinbauern wertvolle Informationen, die ihnen helfen können, wichtige Entscheidungen mit größerer Sicherheit zu treffen. Beispielsweise dienten historische Wetterdaten einer Teeplantage als Schulungsmaterial und zeigten, wie die Datenanalyse zur Ertragssteigerung sowie zur Bestimmung des besten Erntezeitpunkts oder des optimalen Einsatzes von Düngemitteln oder Schädlingsbekämpfung genutzt werden kann.[34]

Aufbäumen

Der Verein »Mein Baum dein Baum« pflanzt kostenlos Bäume für Hausbesitzer und will so das Stadtklima verbessern. Die beiden Landschaftsarchitektinnen Emma Thomas und Amanda

Frantzen haben den Verein »Mein Baum dein Baum« gegründet. Dieser pflanzt auf Wunsch von Hausbesitzern gratis Bäume in Vorgärten und pflegt sie in den ersten zwei Jahren. »Ein Baum im Vorgarten ist nicht nur ein Gewinn für den Eigentümer, sondern hat auch einen grossen Einfluss auf das Stadtklima und das Stadtbild«, sagt Emma Thomas. »Bäume spenden Schatten, schlucken Lärm und senken im Sommer die Temperaturen.« Ein Baum im Vorgarten ist nicht nur ein Gewinn für den Eigentümer, sondern auch für die ganze Stadt. Hausbesitzerinnen und Hausbesitzer, die nur den Boden zur Verfügung stellen und einen passenden Baum auswählen müssen. Allerdings müssen die privaten Hausbesitzer, die einen Baum mit öffentlichen Geldern pflanzen lassen wollen, eine Leistungsvereinbarung unterzeichnen. Diese sehe etwa vor, dass Hausbesitzer, die den Baum später fällen wollen, das Geld wieder zurückzahlen müssten.

Finanziert wurden die Bäume und der sonstige Aufwand des Vereins bisher mit Geldern von Sponsoren und Stiftungen. Allerdings hat »Mein Baum dein Baum« nun zusätzlich beim Kanton angeklopft – mit Erfolg: Basel-Stadt unterstützt die Idee künftig mit Geld aus dem Mehrwertabgabefonds. Zudem gebe es bereits Interesse aus anderen Kantonen, zum Beispiel aus Baselland und Zürich. Gut möglich also, dass der Verein »Mein Baum dein Baum« seine Idee von Gratis-Bäumen für Vorgärten über die Stadt Basel hinaus verbreitet.[35]

14. Team Fischen

»Ozeane, Meere und Meeresressourcen im Sinne nachhaltiger Entwicklung erhalten und nachhaltig nutzen!« So lautet Auftrag 14. Bürgermeister nehmen diesen Auftrag bereitwillig entgegen und geben ihn weiter an Valerie und deren TeamFischen zur Ausführung:

- Wir werden Meeresverschmutzung, insbesondere durch Meeresmüll und Nährstoffbelastung, verhüten.
- Wir werden den Zugang der handwerklichen Kleinfischer zu den Meeresressourcen und Märkten gewährleisten.

Kleinfischen

Meeresressourcen nachhaltig nutzen, dieses Ziel werden Kleinfischer niemals aufgeben, ein ewiger Kampf um ihre Existenz: Eine nachhaltige Nutzung würde neben Transport und Handel auch wirtschaftliche Chancen in der Fischerei, im Tourismus und in der Freizeitindustrie eröffnen. Eine angemessene Bewirtschaftung dieser unschätzbaren Ressource könnte durch die Erhöhung der Ernährungssicherheit und die Verbesserung der Existenzgrundlagen von Millionen Menschen zur Armutsminderung beitragen. Den Zugang der handwerklichen Kleinfischer zu den Meeresressourcen und Märkten gelte es daher wiederherzustellen und zu gewährleisten. Bei überfischten Beständen seien strengere Bewirtschaftungspläne notwendig, um ihre Bestandsdichte wieder auf ein volles und biologisch nachhaltiges Produktivitätsniveau zurückzuführen.

Überklären

Klares Wasser in Trinkwasserqualität – dafür seien die Flüsse und Seen bekannt. Das sei nicht immer so gewesen: »Noch in den 1950er- und 1960er-Jahren waren die Gewässer so mit Abwasser verschmutzt, dass das Baden zum Teil verboten werden musste.« Heute sei praktisch das gesamte Abwasser geklärt. Diese Maßnahmen griffen so gut, dass sich das Problem der Fischer – das zu dreckige Wasser – allmählich in sein Gegenteil verkehrte, meint Tom Kobel. »Viele Fischer beklagen, dass die Fische heute zu wenig Nährstoffe finden. Kommt hinzu, dass der Fischbestand von verschiedenen Seiten unter Druck ist: Mit dem Klimawandel steigen auch die Wassertemperaturen, was vielen Fischen zusetzt. Die Zahl der Insekten nimmt drastisch ab – und damit auch das Futterangebot für die Fische. Chemikalien im Wasser oder Verbauungen setzen den Fischen ebenfalls zu. Das Problem ist komplex, die Gründe nicht immer eindeutig. Doch in der Statistik schlägt es sich eindeutig nieder: Die Fangerträge nehmen tendenziell ab. So gibt es immer weniger Berufsfischer. Schuld daran ist nicht nur der Klimawandel, schuld ist auch eine zu gute Wasserqualität.«[36]

15. Team Vielfalt

»Landökosysteme schützen, wiederherstellen und ihre nachhaltige Nutzung fördern!« So lautet Auftrag 15. Bürgermeister nehmen diesen Auftrag bereitwillig entgegen und geben ihn weiter an Valerie und deren TeamVielfalt zur Ausführung:

- Wir werden die Fähigkeit lokaler Gemeinwesen stärken, um die Möglichkeiten einer nachhaltigen Existenzsicherung zu nutzen.
- Wir werden geschädigte Wälder wiederherstellen und die Aufforstung und Wiederaufforstung weltweit beträchtlich erhöhen.
- Wir werden Wüstenbildung bekämpfen, die geschädigten Flächen und Böden einschließlich der von Wüstenbildung, Dürre und Überschwemmungen betroffenen Flächen sanieren und ihre biologische Vielfalt sicherstellen.
- Wir werden uns einsetzen für die Anlage von Blumen- oder Magerwiesen, Hecken, Bäumen, Flachdachbegrünung, Trockenmauern, Lesesteinhaufen, Park- und Fahrradstellplätzen sowie die Aufstellung von Bienenvölkern und Insektenhotels.
- Wir werden bei Einzäunungen darauf achten, dass die Zerschneidungs- und Barrierewirkungen für Kleintiere gering gehalten werden.

Baumhegen

Entlang der Waldgrenze säumten Arven den Pfad. Betrachtete man diese kleinen Nadelbäume von der Talseite, zeigten sie sich mit einer fast gedrungenen Fülle von Nadeln, und ebendiese Nadeln entfalteten die gesamte Farbpalette zwischen hellem und tiefdunklem Grün. So dicht und so voll, dass man die Zweige und Äste, die ihre Nadeln trugen, kaum zu erkennen vermochte. Eine von ihnen, es war die höchstgelegene, letzte Arve unter einer darüber angrenzenden Alpweide, zeigte sich von derselben Farbenfülle wie ihre Nachbarn an der Waldgrenze. Je mehr man sich dieser Arve näherte, desto bizarrer die Form, die sie annahm. Es tat sich etwas auf, das für jeden Betrachter im Tal ein Geheimnis blieb. Das Nadelkleid der Arve war dem Tal zugewandt und allein ihm. Als wollte sich die Arve nur den Menschen unten im Tal von ihrer schönsten Seite zeigen. Betrachtete man die Arve hingegen von der Seite oder gar bergseitig, zeigte sie sich mit einem gebeugten, gar gekrümmten Rücken und statt im Nadelkleid gänzlich nackt mit ihrem hellgrau glänzenden Astwerk. So leb- und fruchtlos, als wäre diese Seite der Arve längst abgestorben. Ein schneller Blick gab zu erkennen, dass es nicht nur dieser Arve so erging, sondern all ihren Mitstreitern in dieser Grenzregion ebenso. Je stärker der Alpweide ausgesetzt und je einsamer und ferner vom Schutz talseitig tiefer liegender Arvengruppen, desto ausgemergelter und bizarrer waren sie in ihrem Wuchs und in ihrer Form. Diese Arve erzählt von ihrem schicksalhaften Leidensweg durch die vergangenen Jahrzehnte. Ihr hellgraues Gerippe zeugte von immer wiederkehrenden Schneestürmen, die ihr zugesetzt hatten, die sie gepeitscht und geschliffen hatten, von Eismassen an ihren Zweigen und Jahr für Jahr von ungeheuren Schneelasten auf ihrem Rücken, die über Monate hin nicht mehr wegtauen wollten. Und hatte dann irgendwann der Frühling obsiegt und hatten die Kräfte wieder zu sprießen be-

III

gonnen, dann kam das Wild, um alle aufkeimenden Triebe und Knospen abzubeißen. Und so sollte man sich nicht wundern, dass nur noch Überlebensreste in verkrüppelter Form mit nur teilweise vernarbten Blessuren übrig geblieben waren. Jeden neugierigen Betrachter musste hier das Entsetzen ergreifen. Sprach hier etwa der Alpländer-Patient? Einen kurzen Moment des Innehaltens und Betrachtens dieser Arve, und schon erschien sie in einem wieder anderen Lichte: Alle Gewalten der Natur, egal ob Witterung, Schneelasten, Tiere oder gar Menschen, vermochten den Willen der kleinen Arve nicht zu brechen. Sie wie alle umliegenden Vorposten der Waldgrenze mochten eine Haltung eingenommen haben wie die Menschen, die Giovanni Segantini gemalt hatte: Gebeugt, gekrümmt und schwer beladen von den Bürden und Lasten der Natur, aber sie richteten sich immer wieder auf und begehrten gegen die Gewalten und Schicksalsschläge der Natur auf. Wie Segantinis Menschen mochte es auch den Arven, ganz besonders dieser kleinen Arve, ergangen sein. Und so galt eine ganz persönliche und stille Bewunderung ihrem Willen, ihrer Kraft und ihrer Haltung, der dieser kleinen Arve allein durch ihre physische Existenz Ausdruck verlieh. Ihr, der Arve, gebührt Respekt, großer Respekt.

Einfrieden

Zwei Männer gleichen Alters aus demselben Dorf – der eine Viehzüchter und der andere Getreidebauer – im Gespräch über die Zukunft ihres Wirkens, genauer über die Grünflächen im Westen des Dorfes. Ackerland oder Weideland? Über die Nutzung dieser Grünflächen geraten ihre Meinungen auseinander. Das wilde Gras wächst auf tiefschwarzer Erde und ist so fruchtbar, dass man Gemüse und Getreide darauf anbauen und dreimal im Jahr ernten könnte.

»Könnte«, entgegnet der Viehzüchter, denn es sei wohl eher ein

Wunschdenken, machte ein Bauer doch diese Rechnung ohne den Wirt. Der Wirt sei weniger die Sonne, davon sei stets genug vorhanden. Der Wirt sei vielmehr der Wettergott, und dieser beschere dem Bauern Regen in einem Maße, das verdunstet, bevor dieses Wasser in den Boden sickern kann. Mit anderen Worten: In Zeiten wie diesen sei es zu trocken, um Getreide oder Gemüse anzubauen, und in Zeiten der Zukunft zeichne sich eher noch eine Verschlimmerung ab, wenn man den mutmaßlichen Folgen dieses Klimawandels Rechnung trage.

Der Bauer hält dagegen: Wo Trockenheit herrsche, sei auch an Futter für das grasende Vieh nicht zu denken. Keiner von beiden, weder der Viehzüchter noch er, der Bauer, hätten etwas von dem Boden auf diesem westlichen Ausläufer des Dorfes.

So schnell wird sich der Viehzüchter jedoch nicht geschlagen geben. Während der Bauer seine Aussaat einstellen müsste, weil die Trockenheit keinen Aufwuchs erwarten lässt, könne er seinem Vieh mit Weidegras dienen. Seine Tiere seien erheblich duldsamer gegen Hitze und Trockenheit und könnten unter viel strengeren Bedingungen überleben als Getreide und Gemüsepflanzen der Alten.

Ob er sich geschlagen gibt und dieses Land dem Viehzüchter überlassen wird, weiß niemand. Ob er eine Vorstellung hat von modernen Anbaumethoden, das steht in den Sternen. Erst recht eine Vorstellung von einem Leben und Gedeihen seiner Pflanzungen unter klimatisch erschwerten Bedingungen.

Es mag sein, dass sich derlei moderne Technologien und der Stand ihrer Erforschung sowie Anwendung nicht unter den Alten herumgesprochen haben, zumindest in den ländlichen Gebieten. Es mag auch sein, dass die Zunft der Viehzüchter ein eher geringes wirtschaftliches Interesse besitzt an einer Verbreitung derartiger neuer Erkenntnisse über diese neue Art von Resilienz. Warum? Weil es hier um ihre Wettbewerber geht, den Anbauern von Getreide und Gemüse.

Biotopen

»Früher war das hier ein ziemlich heruntergekommener Innenhof. Die Leute haben ihre Autos hier geparkt, aber niemand hatte Lust, sich hier aufzuhalten. Die Kinder wollten hier nicht spielen«, erinnert sich Henriksen. »Und dann haben wir die Möglichkeit bekommen, uns auf diese Traumreise zu begeben und mitzubestimmen, was passieren sollte.«

Jetzt ist der Innenhof vor allem eins: grün. Von den Dachrinnen läuft das Wasser auf die Grünfläche ab, wo sich bei Regenwetter in den bepflanzten Gräben ein kleiner See bildet. Biotope wie dieses gibt es seit Beginn des Wolkenbruch-Plans überall in Kopenhagen.

Einen Sportplatz, einen Rosengarten und einen kleinen See haben die Architekten tiefer gelegt, damit sie bei starkem Regen mehr Wasser aufnehmen können. Um den Enghave Park herum führt eine niedrige Mauer. Bei einem Jahrhundert-Wolkenbruch kann der ganze Park mit mechanischen Pforten so abgeschottet werden, dass er als riesiges Auffangbecken funktioniert. Fast hüfthoch könne das Wasser jetzt dort stehen, ohne dass es nach draußen dringe, erzählt Architekt Thomsen.[37]

Herkommen

Was ist RedEspresso? Kein normaler Tee und auch kein typischer Espresso. Ein Getränk, das die Kaffeekultur mit den Vorteilen des Premium-Rooibostees vereint und dadurch eine völlig neue Getränkekategorie schafft. Intensiv im Geschmack und zugleich stilvoll wie ein Espresso stellt er eine hochwertige Option gegenüber bisherigen Teesorten und eine besondere Alternative zu Kaffee-Espresso dar. Im Jahr 2006 kam schließlich die Innovation in Form eines Tee-Espressos auf den Markt, der in Coffeeshops und im Einzelhandel erhältlich ist. Mit Blick auf ihr Kräuterprodukt »Ricola« würden Schweizer fragen: »Wer hat ihn erfunden, diesen Tee?« Etwa der Botaniker Carl Peter Thunberg, der schon im Jahr 1772 vom Rooibos als Tee und Heilpflanze berichtete? Oder der russische Teehändler Benjamin Ginsberg, dem es bereits 1904 gelang, den Handel und die Vermarktung von Rotbusch vor allem in Südafrika, aber auch in Europa zu etablieren, und dessen Familie sich seit vielen Generationen in der europäischen Tee-Industrie und an der Vermarktung des Rooibos beteiligte? Oder war es der Arzt Petter le Fras Nortier, der im Jahre 1930 gemeinsam mit den ansässigen Farmern Methoden zur feldmäßigen Kultur des Rooibos entwickelte? Keiner der Genannten wird sich als Erfinder des Rooibos rühmen dürfen. Die Ureinwohner dieser bergigen Regionen, die »San«, waren die Ersten, die wilden Rooibos sammelten und zubereiteten. Vor mehr als 300 Jahren entdeckten die Bewohner der Zederberge, dass sie aus den nadelartigen Blättern des Rooibos ein erfrischendes Getränk herstellen konnten. Die in der Provinz Westkap beheimatete Pflanze gehört der Familie der Hülsenfrüchte an. Trotz unzähliger Versuche, Rooibos in anderen Regionen und auf anderen Kontinenten anzubauen, gedeiht Rooibos ausschließlich in dieser Region in Südafrika und sonst nirgends. Getrocknete »Rooibos«-Teeblätter und -Stängel aus Südafrika sind das erste Lebensmittel vom afrikanischen Kontinent, das in der Europäischen Union das Label mit einer geografisch geschützten Ursprungsangabe erhält. Die Europäische Kommission genehmigte die Eintragung von Rooibos-/Rotbusch-Tee in das Qualitätssystem der EU. Für eine »geschützte geografische Angabe (g. g. A.)« ist es ausreichend, dass bereits eine der Herstellungsstufen – Erzeugung, Verarbeitung oder Herstellung – im Herkunftsgebiet Afrika stattfand. Das gilt nicht nur bei landwirtschaftlichen Erzeugnissen, sondern auch bei Industriegütern und Dienstleistungen. Dieses soll die Namen bestimmter Produkte so schützen, dass diese nur nach gewissen

Methoden und in festgelegten Regionen produziert werden können. »Es ist ein sehr langer Prozess, aber geografische Angaben
stellen ein wirklich gutes Werkzeug für die Entwicklung dar. Und
wenn sie erfolgreich sind, können sie der gesamten Lebensmittel-
Wertschöpfungskette, einschließlich der Kleinbauern, einen Nutzen bringen«, schrieb Sibylle Slattery.[38]

16. Team Recht

»Friedliche und inklusive Gesellschaften für eine nachhaltige Entwicklung fördern!« So lautet Auftrag 16. Bürgermeister nehmen diesen Auftrag bereitwillig entgegen und geben ihn weiter an Valerie und deren TeamRecht zur Ausführung:

- Wir werden allen Menschen Zugang zur Justiz ermöglichen.
- Wir werden leistungsfähige, rechenschaftspflichtige und inklusive Institutionen auf allen Ebenen aufbauen.
- Wir werden den öffentlichen Zugang zu Informationen gewährleisten und die Grundfreiheiten schützen.
- Wir werden den gleichberechtigten Zugang aller zur Justiz gewährleisten und durch die Registrierung der Geburten dafür sorgen, dass alle Menschen eine rechtliche Identität haben.
- Wir werden Korruption und Bestechung in allen ihren Formen erheblich reduzieren.

Aufmerken

Multikulti, gewaltfrei und »... for peace« war gestern. Heute sind die Umgangsformen rauer. Ellenbogen und Fäuste kommen häufiger und schneller zum Einsatz. Nachbarschaft wird zum Freiraum. Der Respekt vor einem Dorfpolizisten ist verflogen. Selbst Feuerwehrkräfte und Rettungssanitäter suchen Schutz.

Selbst wenn der Täter seinem Nachbarn in dessen Haus aufgelauert und ihn misshandelt und als Hurensohn bezeichnet hat, selbst wenn er gedroht hat, ihm beim nächsten Mal die Zähne auszuschlagen und danach sein Haus anzuzünden, selbst wenn er daraufhin mit dessen Auto losfuhr, handelte es sich jeweils nur um Bagatelldelikte. Sie seien nicht anders zu behandeln als »Familienzwistigkeiten, Hausklatsch, Nachbarstreitigkeiten, Wirtshausstreitigkeiten«. Wenn »das Delikt in der Öffentlichkeit Aufsehen erregt hat«, nur dann sei »ein öffentliches Interesse an einer Strafverfolgung anzunehmen«. Ohne öffentliches Interesse erfolgt die endgültige Einstellung jedes Ermittlungsverfahrens. Der Straftäter bleibt straffrei und sein Opfer erfährt zum zweiten Mal eine Ungerechtigkeit?

Die Zeiten änderten sich und mit ihnen die Erkenntnis über die leicht zu erlangende Straffreiheit. Auch eine Erkenntnis in den Köpfen potenzieller Straftäter. Die Sicherheit der Bürger nahm dabei nicht zu, zumindest nicht die gefühlte Sicherheit. Nicht von ungefähr trug man sich mit dem Gedanken, eine Bürgerwehr einzuschalten, wenn und solange die Behörden mit ihrer Strafverfolgung dieses Ziel nicht mehr erreichen konnten. Dort galt es, Abhilfe zu schaffen. Wie generiert man ein öffentliches Interesse an einer Strafverfolgung? Es führt kein Weg vorbei, sich an die Öffentlichkeit zu wenden, und zwar so nachhaltig und so intensiv, bis hinsichtlich jeder einzelnen Straftat die nötige Aufmerksamkeit der Öffentlichkeit entstanden ist. »Auftrag erfüllt«, werden die Bürger erkennen, und die Bürgerwehr zur Vorbeugung von künftigen Straftaten sollte kein Thema mehr sein.

Generationen

Wir laufen Gefahr, der Generation der Enkel bei allen Lebensgrundlagen eine »verbrannte Erde« zu hinterlassen. Die Umwelt ebenso wie die wirtschaftlichen und sozialen Verhältnisse werden für unsere Enkel einen Grad der Unterdeckung aufweisen. In einem Umfang, für den es keinen Ausgleich mehr geben wird, zumindest wenn wir weiterhin in dem Maße wie bisher allein auf Konsum und Substanzverzehr setzen. Die Enkel drohen an den Schulden und sonstigen Belastungen zu ersticken. Auf der anderen Seite sind die »Grenzen des Wachstums« seit vielen Jahrzehnten erkannt und im Bewusstsein gebildeter Menschen verankert. Das daraus resultierende Gebot der Nachhaltigkeit findet zwar Beachtung und Einzug in allen öffentlichen Willensbekundungen. Das gilt sowohl in Politik, Verwaltung und Wirtschaft als auch im gesellschaftlichen Leben. Durchsetzen konnte sich dieses Gebot jedoch auf keiner dieser Ebenen. Stattdessen Lippenbekenntnisse und taktische Manöver zum Zweck einer Umgehung dieses Gebots. Die Solidarität in der Frontbildung gegen Nachhaltigkeit wird stärker und stärker. Es sind keineswegs immer hungrigere Verbraucher, die diese Front anführen. Es ist vielmehr die Lobby, die ihren geschäftlichen Erfolg in der Befriedigung solcher aktuellen Bedürfnisse erkennt. Einher gehen Schecks, die allein zulasten nachfolgender Generationen ausgestellt werden. Auf der Strecke bleibt die Eindämmung von Kosten. Stattdessen greift die Politik in ihrer zunehmenden Haushaltsnot zur Aufnahme von weiteren Schulden. Deren Tilgung und Zinsen wirken sich weniger als ein Problem des Wahlvolks aus. Tilgung und Zinsen sind allenfalls eine Erblast späterer Generationen. Eine immense Bürde für Enkel, die noch zu jung sind, um sich heute hiergegen zur Wehr setzen zu können. Die Zeit ist gekommen, den existenziellen Bedürfnissen künftiger Generationen stärker Geltung zu verschaffen.

Dies soll auf drei Ebenen erfolgen: Für jede Überbeanspruchung der Ressourcen gibt es bereits heute wissenschaftlich unterlegte Alternativkonzepte. Konzepte, die dem Gebot der Nachhaltigkeit Rechnung tragen. Zunächst ist in der Öffentlichkeit ein Bewusstsein dafür zu schaffen. Auf der zweiten Ebene gilt es, mit der Öffentlichkeitsarbeit und mit ihrem Werben alle Schichten der Gesellschaft zu erreichen. Auf der dritten Ebene finden sich zunehmend verantwortliche Akteure, die sich durch eine individuelle Aufklärung persönlich zu einer Umkehr bewegen lassen.

Freiraten

Das Allensbacher Institut für Demoskopie führt repräsentative Querschnittstudien der Bevölkerung durch, die unter anderem auch das Berufsprestige Freier Berufe erfassen. Beachtung findet dabei die Ermittlung der »ehrlichen Berufe«.

Gefragt wurde: »Bei welchen Berufsgruppen würden Sie sagen, dass sie besonders ehrlich sind?«

Hier folgen nach Vertretern der Kirchen Fachärzte auf Platz 4 und Rechtsanwälte auf Platz 6. Ingenieure nehmen nach dieser Umfrage den 11. und Architekten sind 13. Rang ein. Die Freien Berufe erfüllen eine Aufgabe für die Allgemeinheit. So steht der Arzt in den Diensten des Patienten im Besonderen und der Gesundheit im Allgemeinen, so leistet der Rechtsanwalt juristischen Beistand als Organ der Rechtspflege, so garantiert der Ingenieur für die Sicherheit von Gebäuden im privaten und öffentlichen Raum. Die wirtschaftsberatenden Berufe sorgen mit ihren Beratungs- und Prüfungsleistungen für einen reibungslosen Ablauf der Wirtschaftsprozesse. Freie Berufe sind keine Gewerbe und sind in der Folge vom Gesetzgeber eigenen Regeln unterworfen. Dies hat das Bundesverfassungsgericht in seiner jüngsten Entscheidung vom 15. Januar 2008 bekräftigt.[39]

Die Freien Berufe, so heißt es in dem Urteil, werden durch eine Reihe von Besonderheiten in der Ausbildung, der staatlichen und berufsautonomen Regelung ihrer Berufsausübung, ihrer Stellung im Sozialgefüge, der persönlichen, eigenverantwortlichen und fachlich unabhängigen Erbringung ihrer Leistung und auch des Einsatzes der Produktionsmittel Arbeit und Kapital geprägt, die sie in ihrem Typus als Berufsgruppe von Gewerbetreibenden unterscheiden. Auch und gerade für die Freien Berufe wird der Antagonismus »Kommerz vs. Ethos« immer wieder diskutiert. In diesem Zusammenhang wird kritisch gefragt, ob die Tätigkeit des Freiberuflers nicht zunehmend jene Charakteristika verliere, die ihn von Gewerbetreibenden unterscheidet: Die Freien Berufe stehen in den Diensten bestimmter Gemeingüter wie etwa der Gesundheit, der Rechtssicherheit und Gerechtigkeit, der Sicherheit, der Sprache oder der Kunst. Sie erbringen ihre Leistungen unabhängig von den Interessen Dritter. Für Freie Berufe hat der Schutz des Vertrauensverhältnisses zu ihren Klienten oberste Priorität. Dazu gehört die absolute Verschwiegenheit im Sinne der Wahrung des Berufsgeheimnisses, das Eintreten für das wohlverstandene Interesse der Klienten und das Vermeiden jeglicher Interessenkonflikte. Freie Berufe pflegen ein Berufsethos. Es umfasst moralische Standards für gute freiberufliche Berufsausübung. In ihrem Handeln sollten sich Freie Berufe nicht primär von Erwerbsaussichten, sondern von ihrem Berufsethos leiten lassen. Dies unterscheidet sie wesentlich von rein kommerziellen Dienstleistern. Die berufsethischen Leitlinien, die hier formuliert werden, stehen weder im Widerspruch noch in Konkurrenz zu berufsrechtlichen Regelungen. Vielmehr umfasst das Leitbild der Freien Berufe diese Regelungen als integrale Bestandteile. Die Freien Berufe, ihre besondere »Mission« – das heißt, ihr gesellschaftlicher Auftrag – ebenso wie ihre spezifische Funktion in der Gesellschaft können nur dann glaubhaft kommuniziert

werden, wenn auch begründet werden kann, auf welche spezi-
fischen Problemlagen Freie Berufe antworten.

17. Team Partner

»Die Globale Partnerschaft für nachhaltige Entwicklung mit neuem Leben erfüllen!« So lautet Auftrag 17. Bürgermeister nehmen diesen Auftrag bereitwillig entgegen und geben ihn weiter an Valerie und deren TeamPartner zur Ausführung:

- Wir werden Transparenzen schaffen, um über hochwertige und verlässliche Daten zu verfügen, die nach Einkommen, Geschlecht, Alter, Rasse, Ethnizität, Migrationsstatus, Behinderung, geografische Lage aufgeschlüsselt sind.
- Wir werden die Globale Partnerschaft für nachhaltige Entwicklung mobilisieren, an der sich alle Länder, alle Interessenträger und alle Menschen beteiligen.
- Wir werden Mobilisierung einheimischer Ressourcen verstärken, um die nationalen Kapazitäten zur Erhebung von Steuern und anderen Abgaben zu verbessern.
- Wir werden für die Förderung der Schuldenfinanzierung eintreten, um die Entschuldung und die Überschuldung zu verringern.
- Wir werden sicherstellen, dass die für Importe aus den am wenigsten entwickelten Ländern geltenden Ursprungsregeln einfach sind und zur Erleichterung des Marktzugangs beitragen.
- Wir werden privatwirtschaftliche Aktivitäten, Investitionen und Innovation fördern, denn sie sind wichtige Motoren der Produktivität, eines breitenwirk-

samen Wirtschaftswachstums und für die Schaffung von Arbeitsplätzen.

Amtswalten

»Besonders in seiner Heimat ist Schwejk bis heute eine populäre Figur. Er hört bei allen Befehlen aufs Wort und sabotiert so mit Unschuldsmiene alles, was er an Befehlen bekommt. Es ist ein Lächerlichmachen der Autoritäten und der Befehlshörigkeit. Das ist genau diese Art, wie man dem Wortlaut nach zwar im Gesetz bleibt, aber trotzdem genau das Gegenteil von dem macht, was eigentlich intendiert war. Dieses ‚Lass die da oben mal entscheiden – wir machen sowieso das, was wir für richtig halten‘. Das ist eine Einstellung, die man in Tschechien tatsächlich bis heute so antrifft. Schwejk bietet so etwas wie Lebenshilfe. Die Lehre ist: Es hilft, wenn man nicht alles allzu ernst nimmt und sich nicht verbiegen lässt.«

Wer heute alle Gesetze, Verordnungen und Vorgaben berücksichtigen und einhalten möchte, der wird sich mit diesem Anspruch bald schwertun. Muss er darüber hinaus den Gang zu Behörden antreten, wird ihm bald die Methode Schwejk in den Sinn kommen. Doch auch damit wird er kaum Erfolg haben. Warum? Dort ist alles bis ins Kleinste geregelt und geordnet. Für dieses noch so Kleinste haben unterschiedlichste Institutionen, Abteilungen, interne wie externe Gutachter oder sonstige Vertreter der Regierung ein Wort mitzureden. Auf Weisung der Regierung haben sich im Übrigen alle mit der Implementierung einer schnelleren, digitalen Verwaltung zu beschäftigen. Bei ihrer Erneuerung, ja bei jedem Update kaum vorankommen, bevor die Zuständigkeiten hierfür nicht abschließend geklärt sind. Niemand vertraut mehr darauf, dass auch ohne detaillierte Vorgaben vernünftige Lösungen gefunden werden. Alle blicken mit großer

Hoffnung auf vermeintliche Rettungsanker wie künstliche Intelligenz und ChatGPT. Der endlos wartende Bürger muss sich damit abfinden: Wo alle für alles zuständig sind, zeigt sich letztlich niemand für irgendetwas verantwortlich. Hat Schwejk etwa bei den Behörden Einzug gehalten? Ein Schelm, der Schlechtes dabei denkt!

Übersteuern

»Die Abgaben senken? Ich glaube, dass wir an genau dieser Stelle eingreifen müssen. Wenn einer bei einer Wochenarbeitszeit von 38 Stunden fünf Stunden in der Woche länger arbeitet und diesen Lohn steuerfrei bekommt, dann ist das einer, der auch rangeht und schafft. Das geht nur über finanzielle Anreize, er muss sehen, dass er wirklich spürbar mehr netto hat – und nicht das Mehr an Brutto gleich wieder abgezogen bekommt. Das wäre doch auch sozial gerecht. Wir brauchen eine Agenda 2030. Aber die jetzige Regierung schafft es nicht, so etwas anzukurbeln. Die ist auf dem Sozialtrip, verteilt das Geld, und die nächste Generation weiß nicht, wie sie es einsammeln muss. Dass Arbeit und Wohlstand untrennbar miteinander verbunden sind, ist nicht mehr vermittelbar. Der persönliche Anspruch wird über alles gesetzt. Wir müssen dem Bürger reinen Wein einschenken. Wir müssen klipp und klar sagen, die Sozialleistungen, die im Haushalt stehen, sind überzogen. Wenn wir so weitermachen, gibt es irgendwann keine Rente mehr, und wir können die Sozialleistungen nicht mehr bezahlen«, meint Martin Herrenknecht.[40]

Freinetzen

Wie die meisten Länder leide auch die Schweiz unter der abnehmenden Medienfreiheit. »Wie können wir sicherstellen, dass wir auch als private Medien überlebensfähig bleiben in dieser sich sehr stark verändernden Welt? Wir haben auf der einen Seite die Werbeeinnahmen, die immer mehr zu den grossen Techkonzernen abfliessen. Und auf der anderen Seite die Zahlungsbereitschaft der Menschen. Für eine Zeitung am Kiosk zahlt man noch die paar Franken. Aber im Internet hat man nicht so Lust, für Inhalte zu bezahlen. Und das ist natürlich eine grosse Herausforderung«, meint Ladina Heimgartner.[41]

Privatisieren

Es ist der fromme Wunsch eines jeden Bürgers, nie wieder anschreiben zu lassen. Stattdessen der Griff zur Debit Card und ausreichend Guthaben auf seinem Konto zu haben. Egal, ob Schüler oder Rentnerin, niemand muss in der dritten Woche eines Monats bereits jeden Cent umdrehen. Jeder kann erhobenen Hauptes vor der Kasse des Discounters stehen. Ob für U-Bahn, Coffeeshop, Kiosk, Friseur, Restaurant, Apotheke, Schwimmbad, Kino, Telefonkarte: Für nahezu jedes Grundbedürfnis sollte ausreichend Deckung vorhanden sein, auch am letzten Tag eines Monats. Jeder Bürger hätte die Möglichkeit, sich selbst zu entfalten und sein Leben lebenswerter zu machen. Das Bürgergeld ließe zahlreiche neue, kreative Berufe entstehen. Bürger würden selbstständige Unternehmen gründen, und solche Start-ups würden die Wirtschaft ankurbeln. Bürger würden ihre Arbeit mit mehr Freude und Motivation ausüben, und es ginge ihnen nicht mehr nur darum, Geld für Kost und Logis zu verdienen. Niemand wäre mehr gezwungen, prekäre Jobs zu unfairen Bedingungen anzunehmen.

Das Zauberwort heißt »Privatisierung«. Dahinter verbirgt sich eine Art des Delegierens staatlicher Aufgaben in fremde Hände. Hände von potenten Investoren, die solche Aufgaben mit eigenen Mitteln ausführen. Daraus wird ihr eigenes Geschäft, künftige Einnahmen aus diesem Investment werden dann diesen Investoren zufallen. Eine ganze Palette von ursprünglich staatlichen Aufgaben mögen dem Finanzminister hierfür in den Sinn kommen. Aufgaben, für die sich immer und überall dankbare Abnehmer finden lassen. Sie suchen einen Weg für Investitionen in Straßen, Autobahnen, Tunnel und Brücken. Eine Aussicht auf später sprudelnde Einnahmen bieten auch Investitionen in den Bahnverkehr mitsamt Gleisen, Zügen aller Art und Bahnhöfen. Nicht weniger attraktiv für einen privaten Investor sind auch Flughäfen und Flugzeugflotten. Besonders im Fokus stehen See- und Binnenhäfen, insbesondere für den gesamten Cargo- und Containerverkehr. Unter geschäftsstrategischen Gesichtspunkten sind auch jegliche Einrichtungen der Energieversorgung, insbesondere im Hinblick auf die bevorstehende Energiewende, nicht zu verachten. Last but not least der gesamte Bereich der Telekommunikation, früher oder später auch mit der Vergabe neuer Mobilfunklizenzen. Die Gesamtheit dieser Aufgaben würde den Haushalt des gesündesten Staates überfordern. Aber auch nur einzelne dieser Positionen des Staatshaushalts bereiten einem Finanzminister Anlass zur Sorge. Welcher Investor sollte die Kraft aufbringen können, derart gewaltige Unternehmungen in seine private Hand zu nehmen? Vor allem in einer Form und Qualität, die dem Finanzminister und seinen Amtskollegen das Problem der Daseinsvorsorge für seine Bürger insoweit auf Dauer und nachhaltig aus der Welt zu schaffen vermag.

In der zweiten Hälfte des vergangenen Jahrhunderts waren es die US-amerikanischen Freunde, die sich als Sicherheitspartner Europas verstanden. Sie stehen nicht mehr zur Verfügung.

An ihre Stelle traten neue Freunde aus China, in der Rechtsform staatlicher Unternehmen. Ihnen gelang es, auf diesem Wege die Infrastruktur afrikanischer Staaten auf die Beine zu stellen. Es ist eine Infrastruktur in einem Ausmaß und in einer Qualität, die China den nahezu unbegrenzten Export nach und den Import aus Afrika gewährleistet.

China sieht sich in der Lage, darüber hinaus solche Leistungen auch jedem Staat Europas anzubieten. Die Wirkung: Von heute auf morgen jedem Finanzminister aus dessen Verlegenheit zu helfen. Die Verlegenheit des Haushaltens mit und für seine Bürger.

Die Staaten des Mittelmeerraums haben bereits in erheblichem Umfang von dieser Hilfe Chinas Gebrauch gemacht. Manche Seehäfen im Mittelmeer stehen schon seit geraumer Zeit unter der uneingeschränkten Kontrolle Chinas. Auch und insbesondere zum strategisch wirtschaftlichen Vorteil dieses Staates. Gute Geschäfte. Ein Schelm, der Schlechtes darüber denkt.

Auswandern

Wir sind der letzte nicht-chinesische Maschinenbauer, der Tunnelvortriebsmaschinen herstellt. Alle anderen westlichen Konkurrenten sind von Chinesen übernommen worden. Und das Bestreben der Chinesen ist, auch uns zu übernehmen, um in eine Monopolstellung zu kommen. Martin Herrenknecht ist einer der bekanntesten deutschen Mittelständler. Seine Tunnelbaumaschinen lässt er in Baden fertigen. Die Zukunft seines Unternehmens sieht er trotzdem im Ausland – die Wirtschaftspolitik seiner Heimat zwinge ihn dazu.[42]

»Kooperative Zusammenarbeit für mehr Planungssicherheit und Akzeptanz? Erfahrungen zeigen, dass bei der Erarbeitung eines politischen Vorhabens die verschiedenen Anspruchsgruppen idealerweise frühzeitig und schrittweise in die Phasen eines Vorhabens einbezogen werden. Dies bietet den Vorteil, dass laufend Chancen und Risiken erkannt werden und das Vorhaben anhand von konkreten Erkenntnissen sowohl inhaltlich als auch kommunikativ justiert werden kann. Durch die Ausrichtung an den tatsächlichen Bedürfnissen, Ängsten und Chancen kann die Planungssicherheit, Akzeptanz und Qualität des Vorhabens erfahrungsgemäß stark gesteigert werden. Dieser Prozess schafft Vorteile und Entlastung für alle Beteiligten: Die Verantwortlichen des Vorhabens erhalten konkrete Inputs zu den realen Bedürfnissen, die Kommunikationsverantwortlichen können Argumentarien gezielter aufgrund von Chancen und Risiken aufbauen und die betroffenen Anspruchsgruppen werden direkt ins Vorhaben involviert und werden »Teil des Ganzen«.

»Kooperativ zu sein bedeutet, gemeinschaftlich zu wirken, um ein gemeinsames Ziel zu erreichen.« So lautet eine der vielen Definitionen zum Wort »Kooperation«. Doch wie kann eine kooperative Zusammenarbeit effizient und effektiv in der Praxis etabliert werden, um gemeinsam an einem Ziel zu arbeiten? Gerade in Verwaltungen, wo häufig viele verschiedene Anspruchsgruppen wie Bürgerinnen und Bürger, Organisationen sowie kommunale, kantonale und nationale Stellen in komplexe Vorhaben involviert sind, stellt sich diese Frage regelmäßig. Wird ein komplexes Vorhaben erarbeitet, ist ein Einbezug und eine Kooperation mit den betroffenen Anspruchsgruppen unumgänglich. Dies zeigen verschiedenste politische Vorhaben wie die Planung der Stadtautobahn in Biel oder der Bau der »Wasserstadt«. Mit einer kooperativen Arbeitsweise kann der »Blindflug« in der Vorhabensentwicklung beendet werden. Verwaltungen können politische Vorhaben aufgrund konkreter Bedürfnisse und Rückmeldungen effizient erarbeiten und erhöhen die Akzeptanz und Planungssicherheit.

Dank einer digitalen Lösung wie der E-Mitwirkung kann die kooperative Zusammenarbeit stark vereinfacht und können zusätzliche Mehrwerte geschaffen werden. Bei der digitalen Kooperation handelt es sich nicht mehr um ein risikohaftes Experiment, sondern um einen bewährten und etablierten Prozess. Projektleitende und Kommunikationsverantwortliche werden stark entlastet und erhalten eine erhöhte Prozesssicherheit. Ganz nach der Definition »Gemeinschaftlich zu wirken, um ein gemeinsames Ziel zu erreichen.«[43]

Stefan A. Halle

Eulenspiegel und die Sammler

Roman

5. April 2011

Über dieses Buch

Valerie de Ville hat gerade ihren Mann William durch einen plötzlichen Tod verloren. Nun steht sie da mit zwei Söhnen und versinkt in tiefer Trauer, denn William war ihre große Liebe. Da tritt unerwartet eine ungewöhnliche Persönlichkeit in ihr Leben: Till Eulenspiegel. »Carpe diem«, so fordert er von der trauernden Witwe und lockt sie auf völlig neue Pfade. Doch wie viel Macht, Erfolg und Ruhm braucht ein Mensch wirklich? Und welchen Preis ist er bereit, dafür zu zahlen? Valerie lässt sich von Till einiges erzählen, um schließlich ihren geliebten William hinter sich zu lassen und ihren eigenen Weg zu gehen. Aber auch wenn ihr die eine oder andere von Tills Reden nicht behagt, bleibt am Ende die Frage: Hat Till sie nicht doch verführt, am großen Wettbewerb der Welt teilzunehmen? »Eulenspiegel und die Sammler« ist eine philosophische Geschichte über die Verlockungen von Reichtum, Macht und Erfolg. Und eine Geschichte darüber, dass wir immer eine Wahl haben, auch wenn die Entscheidung manchmal schwerfällt.

Über Verlag und Autor

StifterRat

StifterRat handelt im Sinne der Vereinten Nationen, Vorschläge zu sammeln und die Aufmerksamkeit der Öffentlichkeit auf diese Vorschläge zu lenken. Die vermittelten Vorschläge betreffen Gemeingüter wie die Freiheit des Menschen, die Nachhaltigkeit im Umgang mit Ressourcen sowie die Wahrhaftigkeit im Umgang miteinander. Insbesondere bei der Wahrhaftigkeit tritt der Antagonismus »Kommerz vs. Ethik« immer deutlicher zutage. Charakteristisch für die vermittelnde Tätigkeit von StifterRat ist seine strikte Neutralität. StifterRat ist stets loyal allein zu den Interessen des Gemeinwohls. StifterRat bietet motivierten Persönlichkeiten eine Hilfe zur Konkretisierung von und zur persönlichen Identifikation mit Vorschlägen im Sinne der Vereinten Nationen. Das Institut ist rechtlich und organisatorisch getrennt von der Rechtsanwaltskanzlei und steht unter der alleinigen Leitung von ...

Stefan A. Halle

 Geboren 1956 in Basel/Schweiz, studierte Rechtswissenschaft in Lausanne und in Bonn. Seit 1990 lebt und arbeitet er als Rechtsanwalt in Frankfurt am Main. Er ist verheiratet und hat eine Tochter. Die Bedeutung gemeinnützigen Wirkens und Handelns stand stets im Mittelpunkt seiner mittlerweile 20-jährigen Beratung vermögender Privatkunden einer Bank. 2013 gründete Halle das Stifterrat Institut für Philanthropie, um sich der Erforschung nachhaltiger Stiftungsmotive zu widmen.

Endnoten

1   Kofi Annan, 3. Weltethos-Rede am 12. Dezember 2003, Rede_Annan_deu.pdf (weltethos.org), Weltethos-Rede 3, Kofi Annan, 12. Dezember ... - Stiftung Weltethos (zuletzt abgerufen am 01.06.2024).

2   Albert Schweitzer, Die Ehrfurcht vor dem Leben, München, 2020

3   Barack Obama https://www.welt.de/politik/article2677761/Barack-Obamas-Siegesrede-im-Wortlaut.html (zuletzt abgerufen am 01.06.2024).

4   Reinhard Bingener, Die neuen Gesichter der Kirche, FAZ 02.01.2024 https://www.faz.net/aktuell/politik/inland/so-will-die-kirche-den-mangel-an-pfarrern-bekaempfen-19421813.html (zuletzt abgerufen am 01.06.2024).

5   Céline Carez, leParisien, 18.04.2019, https://www.leparisien.fr/paris-75/une-fournaise-une-vision-d-enfer-une-pompiere-raconte-l-incendie-a-notre-dame-18-04-2019-8055798.php (zuletzt abgerufen am 01.06.2024).

6   Anne Kokenbrink, Wenn der Roboter die Erdbeeren pflückt, in FAZ vom 18.05.2024, https://www.faz.net/aktuell/wirtschaft/unternehmen/intelligenter-erntehelfer-wenn-der-roboter-die-erdbeeren-pflueckt-19726446.html (zuletzt abgerufen am 01.06.2024).

7   Laura Setzer, https://gemueseheldinnen.de/stadtfarm (zuletzt abgerufen am 01.06.2024).

8   Jean-Pierre Kapp, Wissen ist Macht, Eleni Gabre-Madhin, NZZ vom 22.12.2014, https://www.nzz.ch/wirtschaft/wissen-ist-macht-ld.1043731 (zuletzt abgerufen am 01.06.2024).

9   2025 soll die Verantwortungsgemeinschaft kommen
     https://www.tagesschau.de/inland/innenpolitik/ver-
     antwortungsgemeinschaft-buschmann-100.html (zuletzt
     abgerufen am 01.06.2024).

10   Winfried Kretschmann, Bei schwachen Schülern auch El-
     tern in Pflicht, https://www.n-tv.de/regionales/baden-wu-
     erttemberg/Kretschmann-Bei-schwachen-Schuelern-auch-
     Eltern-in-Pflicht-article24645383.html (zuletzt abgerufen
     am 01.06.2024).

11   Rüdiger Soldt, Wer braucht schon Französisch, wenn er KI
     lernen kann? https://www.faz.net/aktuell/politik/inland/
     kretschmann-will-bildungssystem-wegen-ki-reformie-
     ren-19015442.html (zuletzt abgerufen am 01.06.2024).

12   Susanne Gaschke, Deutschland verlernt das Lesen, NZZ,
     20.10.2022, https://www.nzz.ch/meinung/der-andere-
     blick/frankfurter-buchmesse-deutschland-verlernt-das-le-
     sen-ld.1708053 (zuletzt abgerufen am 01.06.2024).

13   Andreas Gold, Ein Buch ist ein Buch, FAZ vom
     29.09.2022, https://www.faz.net/aktuell/karriere-hoch-
     schule/klassenzimmer/vom-nutzen-des-vorlesens-ein-
     buch-ist-ein-buch-18348936.html (zuletzt abgerufen am
     01.06.2024).

14   Rüdiger Soldt, Wer braucht schon Französisch, wenn er KI
     lernen kann? https://www.faz.net/aktuell/politik/inland/
     kretschmann-will-bildungssystem-wegen-ki-reformie-
     ren-19015442.html (zuletzt abgerufen am 01.06.2024).

15   Beitrag von Ludwig Dierl zu Melanie Mühl, Das Schlüssel-
     kind, Ich kann doch nichts dafür, FAZ, 29.11.2014, https://
     www.faz.net/aktuell/feuilleton/debatten/lebensplanung-
     ich-kann-doch-nichts-dafuer-13292089.html (zuletzt ab-
     gerufen am 01.06.2015).

16   Reinhold Wagner, Quelle gut – alles gut! https://www.
     schwarzwald-tourismus.info/schwarzwald/online-

magazin/urspruenglich/quelle-gut-alles-gut (zuletzt abgerufen am 01.06.2024).

17 Massnahmen gegen Klimawandel: So wird eine Stadt zum Schwamm. SRF1 Regionaljournal Ostschweiz, 31.10.2023, https://www.srf.ch/news/schweiz/schwamm-stadt-in-der-ostschweiz-massnahmen-gegen-klimawandel-so-wird-eine-stadt-zum-schwamm (zuletzt abgerufen am 01.06.2024).

18 Wir verschleudern unser Grundwasser – was das für uns bedeutet, SRF 4 News, 25.01.2024, https://www.srf.ch/news/weltweiter-grundwasserpegel-wir-verschleudern-unser-grundwasser-was-das-fuer-uns-bedeutet (zuletzt abgerufen am 01.06.2024).

19 Kala Fleming, Big Data hilft gegen Wasserknappheit, https://www.bosch.com/de/stories/thought-leader-kala-fleming (zuletzt abgerufen am 01.06.2024).

20 https://hydrogeit.de/wissenswertes-zum-thema-wasserstoff-und-brennstoffzellen-teil-9 (zuletzt abgerufen am 01.06.2024).

21 Andreas Kuther und Florentine Fritzen, Der Kapitalismus, Wurzel des Bösen, FAZ, 02.12.2013, https://www.faz.net/aktuell/politik/papst-franziskus-und-boris-johnson-der-kapitalismus-wurzel-des-boesen-12689353.html (zuletzt abgerufen am 01.06.2024).

22 Verena Pausder 15.10 2020, handelsblattgroup.com (zuletzt abgerufen am 01.06.2024).

23 Verena Pausder, ebenda

24 Matthias Arning, Petra Roth, Die Biographie, Frankfurt/Main 2012, S. 101

25 Benjamin Wagener, »Die Ampel zerstört den Mythos von Made in Germany«, FAZ 14.04.2024, Ampel-Regierung von Mittelständler Martin Herrenknecht kritisiert (faz.net) (zuletzt abgerufen am 01.06.2024).

26 António Guterres, KI-Systeme in Risikogruppen ein-
    geteilt, in: UN-Vollversammlung billigt erste Resolution
    zu KI, 21.03.2024, https://www.zeit.de/news/2024-03/21/
    un-vollversammlung-billigt-erste-resolution-zu-ki (zuletzt
    abgerufen am 01.06.2024).
27 Georg Schwarte, Kanadas Immigrationssystem, Nur die
    Punkte zählen, Deutschlandfunk, 30.07.2015, https://www.
    deutschlandfunkkultur.de/kanadas-immigrationssystem-
    nur-die-punkte-zaehlen-100.html (zuletzt abgerufen am
    01.06.2024).
28 Christoph Mäckler, Handbuch der Stadtbaukunst, in:
    Frank Peter Jäger, https://www.hochparterre.ch/nach-
    richten/buecher/stadtraeumen-auf-der-spur (zuletzt ab-
    gerufen am 01.06.2024).
29 Thomas Bernhard, Zermatt autofrei, COLLAGE 2/20,
    https://infraconsult.ch/wp-content/uploads/2020/07/Col-
    lage_2_20_IC_Infraconsult_Zermatt_autofrei.pdf (zuletzt
    abgerufen am 01.06.2024).
30 urban-digital, Smart City-Lösungen im Gespräch, https://
    urban-digital.de/smart-city-loesungen-gespraech/ (zuletzt
    abgerufen am 01.06.2024).
31 Roland Koch in Phillipp Krohn, Jeden Tag mehr Re-
    gulierungen, wir müssen umkehren, FAZ 12.03.2024,
    https://www.faz.net/-gv6-bnp2n (zuletzt abgerufen am
    01.06.2024).
32 Remigius Nideröst, Fahrzeugreifen als Quelle von Mikro-
    plastik, 13.02.2024, https://www.kunststoff-innovation.ch/
    forschung (zuletzt abgerufen am 01.06.2024).
33 Liu Zhenmin, Die Chance in der Krise des Multilateralis-
    mus, 12.04.2019, aus dem Englischen von Helga Klinger-
    Groier, https://www.project-syndicate.org/commentary/
    sustainable-development-crisis-opportunities-by-zhenmin-
    liu-2019-04/german (zuletzt abgerufen am 01.06.2024).

34 Gerardo Fortuna, EU-Afrika-Beziehungen: Geschützte Ursprungsangaben als Entwicklungsmotor, https://www.euractiv.de/section/landwirtschaft-und-ernahrung/news/eu-afrika-beziehungen-geschuetzte-ursprungsangaben-als-entwicklungsmotor (zuletzt abgerufen am 01.06.2024).

35 Tobias Bossard, Geschenkt: Verein pflanzt gratis Bäume in Basler Vorgärten, https://www.srf.ch/news/schweiz/besseres-stadtklima-geschenkt-verein-pflanzt-gratis-baeume-in-basler-vorgaerten (zuletzt abgerufen am 01.06.2024).

36 Tom Kobel, Bedrohter Berufsstand – Warum die Berufsfischer verschwinden – Wissen – SRF , 13.09.2019, https://www.srf.ch/wissen/klimawandel/bedrohter-berufsstand-warum-die-berufsfischer-verschwinden (zuletzt abgerufen am 01.06.2024).

37 Julia Wäschenbach, Die »Schwammstadt« Kopenhagen, Tagesschau 13.02.2024, https://www.tagesschau.de/ausland/europa/hochwasserschutz-kopenhagen-100.html (zuletzt abgerufen am 01.06.2024).

38 Sibylle Slattery, Chance für die Entwicklungszusammenarbeit? In: EU-Afrika-Beziehungen: Geschützte Ursprungsangaben als Entwicklungsmotor? https://bvlk.de/news/eu-afrika-beziehungen-geschuetzte-ursprungsangaben-als-entwicklungsmotor.html (zuletzt abgerufen am 01.06.2024).

39 Willi Oberlander, Das Berufsprestige, Ausgewählter Freier Berufe, http://www.ifb.uni-erlangen.de/fileadmin/ifb/doc/publikationen/Info-07-2005.pdf (zuletzt abgerufen am 01.06.2024).

40 Benjamin Wagener, ebenda

41 Ladina Heimgartner in: Tim Eggimann, Das Präsidium des Weltverlegerverbands öffnet sehr viele Türen, SRF 4 News aktuell vom 29.05.2024, https://www.srf.ch/news/wirtschaft/spitze-vom-weltverlegerverband-das-praesi-

dium-des-weltverlegerverbands-oeffnet-sehr-viele-tueren (zuletzt abgerufen am 01.06.2024).

42 Benjamin Wagener, ebenda

43 https://e-mitwirkung.ch/blog/kooperativ-zusammen-arbeiten-wie-verwaltungen-vorhaben-erfolgreicher-pla-nen-und-umsetzen-koennen (zuletzt abgerufen am 01.06.2024).